Sùil air fàire
Surveying the horizon

Air fhoillseachadh an 2007 le Acair Earranta,
7 Sràid Sheumais, Steòrnabhagh, Eilean Leòdhais.
www.acairbooks.com
info@acairbooks.com

Na còraichean uile glèidhte. Chan fhaodar pàirt sam bith
dhen leabhar seo ath-riochdachadh an cruth sam bith,
no ann an dòigh sam bith, gun chead fhaighinn ro-làimh
ann an sgrìobhadh bhon sgrìobhadair is bhon fhoillsichear.

© na bàrdachd Ruaraidh MacThòmais
An dealbh-còmhdaich Jane Harlington
© an deilbh-còmhdaich Acair

Deilbhte, dèante agus deasaichte le Acair

Clò-bhuailte le Gomer Press, Llandysul, A' Chuimrigh

Chuidich Comhairle nan Leabhraichean am foillsichear
le cosgaisean an leabhair.

Tha Acair a' faighinn taic bho Bhòrd na Gàidhlig.

LAGE/ISBN:
0 86152 335 0 (10)
0 9780861523351 (13)

dain ùra
le
RUARAIDH MACTHÒMAIS

Sùil air fàire

surveying the horizon

recent poems by **DERICK THOMSON**

acair

⌜CLÀR⌝

RO-RÀDH 10

LEÒDHAS A-RITHIST
Riasg? 14
Dà-chànanas 16
Àros nan Sean? 18
Soidhne nan Tìm 22
Cridhe an t-Sluaigh 23
Usgairean 24
Machair 26
Teagamh 30
Shìos is Shuas 32
Bàgh Phabail A-rithist 34
Seann Daoimean 36
Imrich 42
A' Cur nan Car 44
Deireadh an Sgeòil An-asgaidh 46
Dh'fhalbh Siud is Thàinig Seo 48
Nuair a Dh'fhalbhas a' Ghàidhlig 50
Seann Chàirdean 52
Le Temps Perdu 54
Am Bàthadh 58
Seòladh Sìorraidh 60

SÙIL AIR GLASCHU
Glaschu-an 64
Feisteachan 70
Sràid Bhochanain, Glaschu 72

CONTENTS

INTRODUCTION   11

LEWIS AGAIN
   Peat-Moss?   15

   Old Folks' Home   19

   Jewels   25
   Machair   27

   Below and Above   33
   Bayble Bay Again   35
   An Ancient Diamond   37

   End of Story – Take Your Pick   47

   When Gaelic Goes   51

   Le Temps Perdu   55
   Submerging   59
   Everlasting Sailing   61

GLANCING AT GLASGOW
   Glasgows   65

   Buchanan Street, Glasgow   73

CLÀR

Uaigneas a' Bhaile-mhòir	80
Sràid Sauchiehall, Madainn Dihaoine	84
Linn an Àigh?	86
Crith-thalmhainn	88
Glaschu nan Cinneach	90

DÀIN ÀS AN FHONN

A' Siubhal nam Blàth	94
Na Colmain	96
Òrain às an Fhonn	98
Còmhradh ri Cuileig	100
Eun anns an Leas	102
Rian	104

AOIS IS AMAIDEAS

Gàire	108
Amélie	110
Sona	112
Bruaillean	114
Saoghal nan Car-a'-mhuiltein	116
Sgrìoban	118
Seacaid	120
Fàsach na Srainnsearachd	122
Àros nan Aosta	124
An Dùbhlachd nas Dlùithe	126
A' Tuiteam	128
Saoghal na Dìochuimhne	130
Slighe a' Chiùrraidh	132

CONTENTS

City Loneliness	81
Sauchiehall Street, Friday Morning	85
The Era of Happiness?	87
Earthquake	89
Glasgow of the Foreigners	91

SONGS FROM THE LAND/TUNE

Reconnoitering the Blossoms	95
The Pigeons	97
Songs from the Land/Tune	99
Fly Talk	101
A Bird in the Garden	103
Order/Sanity	105

AGE AND NONSENSE

Laughter	109
Amélie	111
Anxiety	115
A World of Somersaults	117
Scratchings	119
A Jacket	121
December Closer	127
The World of Forgetfulness	131
The Path of Wounding	133

⌈CLÀR⌋

Thèid Sinn dhan t-Sabhal	134
Aodannan	136

LAOICH
Mac Mhaighstir Alasdair	140
Ùisdean MacDhiarmaid	142
Tòmas MacCalmain	144
Iain Grimble (1921-1995)	146

EACHDRAIDH IS POILITIGS
A' Chuimhne	150
Creachadh	152
Soraidh Slàn leis an Trosg?	154
Saoghail	156
Feannag	158
Criomagan	160
A' Chuimhne	162
Gàidheil am Breatainn	166
Toinneamh is Siubhal	168
Aig an Uamh	174
Luchd-Poilitigs	188
Còmhlan nan Eun	190
Meadhan an t-Samhraidh	192
Màrs is Mahler	194
Pàrlamaid an Dùn Èideann?	198

CONTENTS

CHAMPIONS

    Mac Mhaighstir Alasdair   141
    Hugh MacDiarmid   143

    Ian Grimble 1921-1995   147

HISTORY AND POLITICS

    Storming   153

    Worlds   157
    Carrion-crow   159
    Fragments   161

    Gaels in Britain   167
    Twisting and Travelling   169
    At the Cave   175
    Politicians/Weight Of Politics   189
    The Bird Company   191
    Midsummer   193
    Mars and Mahler   195
    A Parliament in Edinburgh?   199

RO-RÀDH

Tha timcheall air trì fichead bliadhna 's a deich bho thòisich mi a' cur bloighean rannaigheachd ri chèile, agus lean am fasan sin a' dol. Tha seachd cruinnichidhean den bhàrdachd agam air nochdadh, agus le taing do Acair seo an t-ochdamh fear.

Tha e nàdarrach gum bi cuspairean agus modhan bàrdachd ag atharrachadh tro na bliadhnachan. Airson deicheadan bha a' bhàrdachd agam stèidhichte air a' chainnt 's an dualchas Leòdhasach a bha cho beothail 's cho dibhearsaineach aig an àm. Ach mar a bha tìde a' dol seachad bha buaidh làidir aig eachdraidh, aig litreachas an cànanan eile, agus aig coimhearsnachdan ùra, air m' obair. Tha mi a' smaoineachadh gu bheil e fallain dualchasan eadar-dhealaichte a thoirt gu chèile ann am bàrdachd, ged a bhiodh strì ag èirigh uaireannan eatarra.

Às dèidh deich bliadhna fichead air ais 's air adhart à Leòdhas, le grunn bhliadhnachan an Obar Dheathain 's an Siorrachd Pheairt, is bliadhna an Dùn Èideann, le dà bhliadhna an Sasainn is sia mìosan sa Chuimrigh, tadhal gu math tric don Fhraing, is uaireannan don Ghearmailt, Èirinn, Canada is eile, agus iomadach turas a Dhùn Èideann, chuir mi seachad mu leth-cheud bliadhna an Glaschu, 's an teaghlach againn a' fàs suas 's a' cinneadh oghaichean.

Tha am measgachadh sin a' tighinn am bàrr anns a' chruinneachadh seo, agus beagan de dh'aois 's de dh'amaideas a' nochdadh.

Gabh do roghainn.

Ruaraidh MacThòmais

Sùil air faire

INTRODUCTION

There are about seventy years since I began to put together fragments of verse, and that habit has persisted. Seven collections of my poetry have been published, and with thanks to Acair this is number eight.

It is natural that subjects and styles of poetry change over the years. For decades my poetry was founded on the Lewis language and traditions that were so lively and entertaining at the time. But as time went on, history, literature in other languages and new environments had a strong influence on my work. I think it is healthy to bring different traditions together in poetry, although conflicts sometimes arise between them.

After spending thirty years in and out of Lewis, with some years in Aberdeen and Perthshire, a year in Edinburgh, two years in England and six months in Wales, with frequent visits to France and some to Germany, Ireland, Canada and other places, and frequent trips to Edinburgh, I spent about fifty years in Glasgow, with our family growing up and producing grandchildren.

That mixture comes to light in this collection, with some age and nonsense emerging.

Take your pick.

Derick Thomson

LEÒDHAS A-RITHIST
LEWIS AGAIN

RIASG?

Nuair a sheacas na h-Eileanan Siar
le muir a' toirt làmh-an-uachdair
air machair,
is sìtheanan air am mùchadh le sàl,
falbhaidh cuid de na h-eòin
a bha sgiathalaich
air fearann an sinnsirean,
ach mairidh fraoch is mòine
fad cheudan bliadhnachan fhathast.

Ach dè thachras do na daoine?
Am mair Caitligich is Pròstanaich,
am bi an Eaglais Shaor nas saoire,
is dè cho fad 's a mhaireas na h-Òrduighean?

'S am bi an cànan
a bh' againn còrr math is mìle bliadhna
a' sìoladh 's a' siubhal,
's a' dol 'na riasg
fo na casan ùra
bhios a' tràmpadh
air eachdraidh ar dùthcha?

PEAT-MOSS?

When the Western Isles shrink,
with sea winning the battle
against machair,
and with flowers choked by salt sea,
some of the birds that used to fly
over their ancestors' territory
will disappear,
but heather and peat will last
for hundreds of years still.

But what about the people?
Will Catholics and Protestants survive,
will the Free Church become freer,
and how long will the Communions last?

And will the language
we have had for much more than a thousand years
drip away and move away,
becoming peat-moss
under the new feet
that will tramp
on our country's history?

LEWIS AGAIN

DÀ-CHÀNANAS

Chan eil dà-chànanas ùr ann an Ceòs:
tha 'm bàgh ga dhìon
bho shiantan Loch Èireasort
le eilean beag
air a bheil Eilean Hàbhaigh.
Do na Lochlannaich
bha Hàbhaigh fada gu leòr,
a' ciallachadh Eilean Mara,
's an uair sin
thug na Gàidheil an ainm fhèin air,
Eilean Eilein Mara,
's a-nis, le Beurla cho pailt,
tha feum aige air ainm ùr:
Eilean Hàbhaigh Island,
's e sin Sea-Island Island Island.
Ma thig na Lochlannaich a-rithist
gu bhith 'g àrach bhradan an Loch Èireasort
dè 'n t-ainm a bheir iad air an eilean
's am bi anail a' Ghàidheil am mulad?

17

LEWIS AGAIN
Surveying the horizon

ÀROS NAN SEAN?

Chunnaic mi 'Ghàidhlig faisg air a' bhàs
ann an àilleachd Chinn Tìre,
agus deich bliadhna fichead an dèidh sin
air ruighe 's air rèidhlean
ann an siorrachd Pheairt,
agus gun fhios dhomh,
o chionn leth-cheud bliadhna
bha mi beagan mhìltean
bhon tùchan deireannach aic'
am Bràigh Mhàrr;
chuala mi a h-annas
ann am Brùra
's a ceòl Caoidheach an Cataibh,
ach is beag a bha dhùil a'm
gun tigeadh a' ghagadaich
buileach cho dlùth orm,
tachdadh sa bhràighe
is ciorram an ceòs,
liota san teanga
(mas teanga an tung),
tràghadh an ùige
is monbar am mùirneig,
's na cnàmhan gu bhith ris
a-nis.

LEÒDHAS A-RITHIST

OLD FOLKS' HOME?

I have seen Gaelic close to death
against the lovely background of Kintyre,
and thirty years later
on ridges and plains
in Perthshire,
and unknown to me then
fifty years ago
I was only a few miles away
from its final hoarseness
in Braemar;
I heard its curious forms
in Brora
and its Mackay music in Sutherland,
but had no idea
that the stuttering
would come quite so close to me,
choking at the Bràighe/throat
and maiming in Keose/the hollow,
lisping in Tong/the tongue
(if Tong is a tongue),
ebbing in Uig/the bay
and mumbling at Mùirneag/the loved one,
and the bones just about showing
in Ness/now.

LEWIS AGAIN

Togamaid Àros nan Sean
's le milleanan an lotaraidh
ceannaichidh sinn bataraidh
do gach bodach
is inneal-cluaise do gach caillich,
leabhraichean sgeilpichte,
gruth air a' bhòrd
is bloigh arain-eòrna,
's le ceòl binn na clàrsaich
is casda no dhà againn
nì sinn ar mànran
air 'Suas leis a' Ghàidhlig'.

Let's build the Old Folks' Home
and with lottery millions
we'll buy a battery
for every old man
and an ear-plug for each old lady,
books on shelves,
crowdie on the table
with a bit of barley-bread,
and with sweet harp accompaniment
and the odd cough
we will mumble
'Up with the Gaelic'.

LEWIS AGAIN

SOIDHNE NAN TÌM

"'S e Siabost as bòidhche"
ach co às a thàinig Shawbost?
A bheil Pabail cho Caitligeach
's gun tug iad Bayble air?
Is cò 'm bàrd tha 'na laighe
an Garryvard?
Bha sinn uair cho eòlach
air an dà sheòrsa ainm
's nach do rinn e dragh sam bith dhuinn,
ach a-nis,
's a' Ghàidhlig a' fàs cho làidir,
cuiridh sinn na dhà air
gach post is soidhne
ach an tuig luchd-turais
gu bheil iad a-nis ann an Gearraidh na h-Aibhne
– stad mionaid – chan eil ann ach Garrynahine.

CRIDHE AN T-SLUAIGH

Uair dha robh saoghal
bha a' Ghàidhlig ann an cridhe an t-sluaigh,
a' leum 's a' plocadaich,
a' toirt sùil air fàire
's a' meòrachadh
mun chaile-bianan
a bha lasachadh
anns an inntinn:
facail is ìomhaighean
a' tighinn beò às an eachdraidh
's a' seachnadh na crith-thalmhainn
a bha a' suathadh ri ar sinnsireachd.
Ach a-nis
tha a' chrith-thalmhainn
a' ruighinn a' chridhe,
's tha an smùr 's a' ghainmheach
a' mùchadh nam briathran,
's a' càrnadh
saoghal ùr air an uachdar.

USGAIREAN

Facail a' tighinn thugainn
às an t-sìorraidheachd a dh'fhalbh,
usgairean a ghlèidh an lainnir
air an dùsgadh à toll na dìochuimhn':
an tèid iad air meur no broilleach
no an tèid iad a laighe san taigh-thasgaidh?
Òrain a thàinig a-nuas tro na linntean:
am bi uaigh shàmhach aca air CD
no am faigh iad droch-atharrais air TV?
Tha a roghainnean fhèin aig eachdraidh
's gach duine againn mar smùirnean
air a chàradh air làr na cruinne,
às bith an tig aiteal
a thogas leus
a nì soillseadh aithghearr
anns an t-sìorraidheachd ri thighinn.

JEWELS

Words come to us
from the eternity of the past,
jewels that have kept their sparkle
dug from memory's hole:
will they adorn finger or breast
or be laid to rest in the museum?
Songs that passed down the generations:
will they find a quiet grave on a CD
or will they be distorted on TV?
History makes its choices
and each of us is like a particle
laid on the earth's surface,
whether or not a sudden ray
raises a glimmer
that will cast a brief light
in the eternity that is to come.

LEWIS AGAIN

MACHAIR

Tha Bodach an t-Siabainn air tilleadh thugainn
a thoirt beagan *sunlight* dhuinn a-rithist
air a' mhachair far an robh ar sìtheanan a' fàs
fad nan linntean:
sìtheanan prìseil eadar mòinteach is fairge,
eadar deigh is dòchas,
eadar-dhà-lionn is eadar-dhà-linn;
lus-na-fola is lus-nan-leac,
cas-an-uain is bròg-na-cuthaig,
bile-bhuidhe is seileastair is eàrr-thalmhainn.

Chuir e cùl ri factaraidhean-èisg Steòrnabhaigh
's ri tarsannan lom iarainn an Òib,
is reic e Caisteal Steòrnabhaigh
's na craobhan ùra anns a' Ghearraidh Chruaidh.
"Siud mi," ars esan, "air ais chun an t-siabainn
a tha cho buidhe ris an ìm
agus tòrr nas prìseil.
Cha bhi dìth *sunlight* oirnn tuilleadh,
agus deàrrsaidh e air aodannan ao-domhainn
anns gach àit'."

MACHAIR

The Old Soap Man has returned
to give us a little sunlight again
on the machair where our flowers grew
through the generations:
precious flowers between moor and sea,
between ice and hope,
intergenerational floundering;
milfoil and eyebright,
kidney vetch and bluebell,
corn-marigold and yellow iris and yarrow.

He has turned his back on the Stornoway fish-factories
and the bare iron rafters of Leverburgh,
selling Stornoway Castle
and the young trees in the Castle Woods.
"I'm off," he says, "back to the soap,
yellow as butter
and much more profitable.
We won't lack sunlight any more,
and it will shine on shallow faces
everywhere."

LEWIS AGAIN

Ach cha duirt na sìtheanan càil;
bha iad eòlach air casan a bhith gam pronnadh,
's air sàl,
's air gàir na mara
a bhios gar magadh
gu bràth.

But the flowers said nothing;
they were used to feet trampling on them,
used to the salt sea,
and to the sound of the waves
that will mock us
always.

(*In Gaelic* machair *refers to a grassy, flowery seaside plain. More recently it has been used as the title of a Gaelic 'soap', which reminds one of Lord Leverhulme, of Sunlight and Lewis and Harris fame.*)

TEAGAMH

Cò 's fheàrr:
Alba gun Ghàidhlig,
no Alba le Gàidhlig phiullach an TV?
Tha e rèir 's cuin no càit' na rugadh tu.
Ma tha thu òg 's dòcha gu bheil saoghal fada romhad,
le facal ùr gach seachdain
's a' ghinideach a' fàs tearc
('s a chead aice),
's an saoghal ùr Èireannach
ga do thàladh,
's am *pop* 's an *rock* a' cumail do chridhe riut.
Ach ma tha thu fàs cho aosta ris a' chreig,
is còinneach nan eileanan a' cruinneachadh
anns na preasan,
's an crotal a' dol o fheum
's gun a dhath air a' chainnt,
dè nì thu dheth?
Chan eil air ach tòiseachadh a' sgrìobhadh,
is leantainn a' sgrìobhadh mas e sin do chrois,
is leac bhrèagh fhàgail
os cionn na ciste,
's a' chiste bhith làn nuair thig an fhois.

31

LEWIS AGAIN
Surveying the horizon

SHÌOS IS SHUAS

Seann taigh-dubh
is crodh air cùl an tallain
is dithis chailleach
le beannagan fhathast gu grinn
a' còmhdach an cinn,
muslamaich Leòdhasach
làn dibhearsain,
cearcan sa chuideachd,
is ceò na mònach
a' siubhal socair gu fàrlas
's à sin gu fànas
far a bheil an t-Àrd-rìgh
'na shuidh air Cathair
nach do charaich
air cho ealamh
's a tha an saoghal a-bhos
a' cur charan.

BELOW AND ABOVE

An old black house
with cows behind the partition
and two old women
with head-shawls still
neatly covering their heads,
Lewis muslims
full of fun,
hens in the company,
and peat-smoke
rising slowly to the vent
and then to the upper air
where the High King
sits on His throne
which has not moved
no matter how quickly
the world below
revolves.

(*A memory from Lewis in the late 1920s*)

BÀGH PHABAIL A-RITHIST

Trìlleachan ri oir an rathaid
's an fhaoileag shìorraidh a' seòladh
tron àile fhionnar,
beanntan Rois is Chataibh ag èirigh
leis an t-seann uaill,
biorach, soilleir,
cumadail,
mar nach do dh'atharraich an saoghal
ann an trì fichead bliadhna,
trì mìle bliadhna 's dòcha
mas ann air muir a laigheas an t-sùil.
Saoil
a bheil Eilean Phabail fhathast am beachd
gu bheil e cumail dìon air a' bhàgh,
no an canadh e ris fhèin
"Shìorraidh, chunna mi bàt'
'na laigh' air a' ghainmhich ghil
is faoileag 'na seasamh air tobht';
nach ann oirnn a thàinig an dà là."

BAYBLE BAY AGAIN

A plover by the roadside
and the eternal seagull coasting
through the cool sky,
the mountains of Ross-shire and Sutherland rise
in their ancient pride,
sharp, clear,
shapely,
as though the world had not changed
in three score years,
three thousand years perhaps
if it is the sea we look at.
I wonder
if Bayble Island still thinks
it guards the bay,
or does it say to itself
"Good Heavens, I saw a boat
lying on the white sand
with a seagull standing on a thwart;
how times have changed."

LEWIS AGAIN

SEANN DAOIMEAN

Bha saoghal fad' againn
a' snìomh fhacal
às a' chainnt cheòlmhoir
a fhuair sinn mar dhìleab
cuide ri beanntan iol-chruthachail,
oirthirean bòidheach,
bàigh bhàidheil
is bearraidhean cugallach.

Creideamh gar seòladh
is cruthan Cruithneach,
an Naomh Colum
is Adhamhnan àrsaidh
mar dhithis Adhamh
anns a' ghàrradh chùbhraidh
mus tàinig an gaiseadh air na h-ùbhlan,
Lochlannaich chreachach
a' cur dreach ùr air a' bhirlinn,
is leth-Fhrangaich
a' cur am blas fhèin air ar cainnt,
creideamh na Gearmailt 's na h-Eilbheis
a' cur fuachd is teas nar beatha,
buirbe Shasainn
a' leagail nan abaid,
is strì chinneach
a' cur ris a' mhilleadh.

LEÒDHAS A-RITHIST
Sùil air fàire

AN ANCIENT DIAMOND

We had a long lifetime
weaving words
from the melodious language
we got as a birthright
along with multiform mountains,
beautiful coastlines,
welcoming bays
and perilous ridges.

Faith guiding us,
Pictish symbols,
St Columba
and ancient Adamnan
like twin Adams
in the fragrant garden
before the apples were blemished,
plundering Norsemen
giving a new shape to the galley,
and semi-Frenchmen
colouring our language,
German and Swiss belief
putting coldness and heat in our lives,
English barbarity
destroying the abbeys,
and the strife of nations
adding to the destruction.

LEWIS AGAIN

Ach às an ùpraid sin
's a-mach às na sgàilean
thigeadh guth ciùin
is ìomhaigh àlainn
gu bàrr na cuimhne:
Oighrig NicThorcadail
is Banntrach MhicGhriogair
a' cur an lì fhèin air an dochann
is Anna Chaimbeul
a' cur a seul' air an doimhne.

Maigheach is maoiseach
a' siubhal a' mhonaidh,
's an gaol ri shireadh
air Mòinteach Rainich,
trì nithean gun iarraidh
air an turas shìorraidh
is Iain Ghlinn Cuaich
a' tighinn beò dhuinn 'na uails'
is sùilean a' sileadh
a' cuimhneachadh Lili.

Nuair a dh'fhalbhas ar cainnt
mar a dh'fhalbh an Laideann,
is mìltean eile,
mairidh beagan den mhìlse,

Yet out of that uproar
and out of the shadows
a gentle voice
and a lovely face
surface in the memory:
Effie MacCorquodale
and MacGregor's widow
giving their own tinge to the agony
and Ann Campbell
setting her seal on the deep.

Hare and doe
traversing the moor,
and love to be sought
on Rannoch Moor,
three things unasked-for
on the eternal journey
and Iain of Glen Cuaich
coming alive for us in his nobility
while eyes weep tears
remembering Lily.

When our language goes
as Latin did
and thousands of others,
a little of the sweetness will survive,

LEWIS AGAIN

thig boillsgeadh den loinn
an-àird às an doimhne
gu uachdar na cuimhne
's tro mhorghan tìme
is uaighean eachdraidh
thig corra lasair
bhon t-seann daoimean.

a glimpse of the loveliness
will rise from the deep
to the memory's surface
and through the gravel of time
and the graves of history
an occasional ray
from the ancient diamond.

LEWIS AGAIN

IMRICH

Nuair a bha mi beag
nan cluinneadh tu am facal 'imrich'
thigeadh sealladh thugad
de dh'each is cairt
luchdaicht le luchd is eallach,
aodach, peilichean, imideal is eile,
air an rathad chun na h-àirigh:
samhradh soineanta
air mòinteach Leòdhais
's na fir aig baile
a' ruamhar 's a' rùdhach
's a' cumail sùil air na caoraich.

Chan ionnan ar n-imrich an-diugh,
a' togail sgudal leabhraichean,
pàipear is pioctairean,
àirneis a dh'fhairich àile
Obar Dheathain is Abar-pheallaidh
is iomadach ionad eile
eadar Leòdhas is Glaschu,
gun bhò air fàire,
gun bhainne-tiugh anns an dreasair,
ach a sgeulachd fhèin
aig gach sèithear is leabaidh
is a' chuimhne fhada
fhathast a' dùsgadh gàire.

An dùil an e seo
an imrich mu dheireadh
mus tig a' chiste chaol
is an t-sròl eireachdail?
Chan eil an sin ach smaoin
a dh'fhalbhas am priobadh
's a laigheas sàmhach
eadar pruganan na cuimhne
is fraoch fo bhlàth
gus an tuit an oidhche.

A' CUR NAN CAR

Nuair a thàinig Muireadhach Albannach a dh'Alba
is dòcha nach robh dùil aige
gun tionndaidheadh e
gu bhith 'na Albannach
's gu leanadh a shliochd
còrr is sia ceud bliadhna
a' cur ri bàrdachd na tìre,
ged a bha Colum Cille
beò anns an dùthaich ùr seo
fad linntean roimhe
is ainm air mhaireann.
Tha eachdraidh gun sgur
a' cur a caran fhèin air na seann chlachan
ged nach eil comas leughaidh cho maireann.

Ach tha na seann saoghail a' suathadh rinn
fhathast:
Clach an Truiseil
a' cumail sùil air Barabhas,
is Cruithnich beò ann am Baile Chloichridh,
is dòcha Cuimreach ann an Dùn Bhreatainn
is Sasannaich sean is ùr
ann an Dùn Èideann,
Leòdhasaich is Uibhistich
a' cur an ceòl fhèin ann an cluasan Ghlaschu.

Cuibhle an fhortain
a' tionndadh gun sgur,
is mìle-linn eile air tòiseachdainn
a' cur a caran fhèin
air an t-saoghal againn
a tha cho caochlaideach
anns gach ceàrnaidh,
giorrachadh an Siorrachd Pheairt,
blas Lochlainneach an Leòdhas,
blas Èireannach an Ìle,
facail is seanfhacail
gan cruthachadh gun sgur,
sgudal a' tighinn 's a' falbh
's bòidhchead ga cur air òrain:
cumaidh ar litreachas beò
anail a' Ghàidheil an Albainn.

Dòchas a' strì ri dòrainn
fhad 's a tha sinn a' tarraing nan ràmh.

DEIREADH AN SGEÒIL AN-ASGAIDH

Tonnan beaga a' breothadh
a h-uile mionaid,
tonnan a' toirt leotha
sprùilleach creige,
a' lìomhadh
gràineanan gainmhich,
a' spreigeadh
chlach, na mìrean
a' cur nan car, 's a' sìoladh,
obair sheòlta nan ràithean
a' cur dreach ùr air a' bhàgh seo,
an tràghadh
a' sgaoileadh nan sligean
nach togar tuilleadh
gu uachdar a thoirt bhàrr a' bhainne,
am bainne-tiugh a' lobhadh,
na feusganan a' farchluais,
na cuidhteagan a' lorg cairidh
's an cairidh ag ionndrain an sgadain,
am bodach-ruadh gun sgeul air,
deireadh an sgeòil an-asgaidh.

LEÒDHAS A-RITHIST

END OF STORY –
TAKE YOUR PICK

Little waves busy crumbling
all the time,
waves taking away
rock fragments,
polishing
grains of sand,
stirring up
stones, the fragments
rotating, and settling,
the cunning work of the seasons
giving this bay a new look,
the ebb-tide
spreading the shells
that will not be gathered again
to scoop cream from the top of the milk,
the curdled-milk rotting,
the mussels eavesdropping,
the cuddies seeking a weir,
and the weir missing the herring,
the codling disappeared,
story-end, take your pick.

LEWIS AGAIN

DH'FHALBH SIUD IS THÀINIG SEO

Mus tàinig an TV
bha a dreach fhèin air an tìr,
crodh is caoraich is daoine
a' conaltradh,
coin a' comhartaich,
cailleachan a' fighe
's a' tarraing na mònach,
clann a' ruideil,
caileagan a' seinn,
gillean aig danns an rathaid,
ceò na pìoba
a' cur sunnd air na bodaich,
an eaglais làn,
is sgeulachdan a' siubhal.

Bha a' Ghàidhlig slàn,
stèidhichte air linntean fada,
builgeanan eachdraidh a' briseadh
's a' boillsgeadh
nar cainnt
gar ceangal
ri ar dualchas,
's a' fàs
gu nàdarrach
ann am beatha an t-sluaigh.

LEÒDHAS A-RITHIST
Sùil air fàire

Dh'fhalbh siud is thàinig seo:
cornflakes an t-saoghail mhòir
a' cur ruaig air an lit,
leabhraichean cloinne
à Sasainn is eile
le Gàidhlig ga cur fo na deilbh,
soidhnichean rathaid an Gàidhlig
is Gàidhlig tron oidhche air STV.
Siud sinn, tha sinn aig baile
is Gàidhlig a' putadh an t-saoghail mhòir,
tha hamaidh.

NUAIR A DH'FHALBHAS A' GHÀIDHLIG

Nuair a dh'fhalbhas a' Ghàidhlig
bidh dìneasar eile againn ann an Albainn,
a' breothadh fon a' mhòine
nach eil ga buain tuilleadh,
no a' cùmhnadh an DNA
fo na clachan a chaidh a thilgeil
air a mhuin.
Ach ann am mìle bliadhna eile
dùisgidh luchd-saidheans is feallsanaich
a' chlosach às a' ghainmhich
's bidh hò-ro-gheallaidh
aig na pàipearan-naidheachd
(ma bhios an leithid ann)
ag innse mar a chuir a' bhrùid sin
ìomhaigh air an dùthaich,
's leis an teicneòlas ùr
cluinnidh iad corra òran
a' strì ri ùrnaigh,
is bloighean bàrdachd
ag èirigh às an t-seann ùir sin.

WHEN GAELIC GOES

When Gaelic goes
we will have another dinosaur in Scotland,
rotting under the peat
that is no longer cut,
or hoarding DNA
under the stones that were thrown
on top of it.
But in another thousand years
scientists and philosophers will unearth
the corpse from the sand,
and the newspapers
(if they exist)
will have a party,
telling how that brute
set its image on the land,
and using new technology
they will hear a song or two
rivalling prayers,
and fragments of poetry
rising from that ancient earth.

LEWIS AGAIN

SEANN CHÀIRDEAN

Seann chàirdean a' siubhal tron chuimhne,
an aodannan a' boillsgeadh,
annas an coiseachd
a' fàgail a làraich fhèin,
facail is fealla-dhà
fhathast os cionn fàire
is corra ainm air a dhol fodha
anns an t-sùil-chruthaich.
Gu leòr ann
nach cuir am bàs fhèin às an t-sealladh:
Dòmhnall is Pàidean,
Am Bap is Dòmhnall Àrnoil,
cho beò 's a bha iad,
Craoc 's a chudaigean,
is Sydney Goodsir Smith,
is Nora Kershaw Chadwick
's an sgeilp leabhraichean
a chuir i fhèin 's an duin' aice ri chèile
fhathast 'na mo lèirsinn.

Nan leanainn orm
dh'fhaodainn iomadh ainm eile
a chur air a' chàrn,
is iomadh dealbh,
cuid dhiubh brèagh is cuid dhiubh grànd,
ach a-rithist 's a-rithist
thig an t-eathar gu bàgh,
agus gach dìleas gu deireadh,
an luchd-gràidh
a rinn m' altram 's mo thogail
anns an t-saoghal eil' ud
nach fhalbh às m' inntinn,
tha mi 'n dòchas,
gu deireadh mo là.

LE TEMPS PERDU

An tràth a chailleadh
is an aimsir thrèigte:
nach iomadh smuain
a dhùisgear air ròidean fada Pharis,
Rue de Richelieu 's Boulevard Voltaire,
Boulevard aonranach Sebastopol
is drip drùiseil Montmartre,
Boulevard du Montparnasse gu deas;
Balzac a' strì ris a' chinneachas dhaonnda
's ri a nàdar tuisleach fhèin;
baile-mòr nam mìle mealladh
's nam mìle geurchuis.

'S fheàrr dhomh ainmean ùra
a chur air na seann ròidean agam:
Rue an Rubha le a pheacaich fhèin air,
Boulevard Bhràigh na h-Aoidhe,
is Promenade Phabail
gun sgeul air sagart,
gun luaidh air naomh.

Ach air chùl sin uile
cuimhne chràiteach an t-saoghail a bh' ann
nach dùisgear tuilleadh,

LE TEMPS PERDU

The time that has gone
and the age abandoned:
the long streets of Paris
rouse many thoughts,
Rue de Richelieu and Boulevard Voltaire,
the lonely Boulevard Sebastopol
and the lecherous bustle of Montmartre,
Boulevard du Montparnasse to the south;
Balzac struggling with the Human Comedy
and his own fallible nature;
the city of thousands of enticements
and thousands of ingenuities.

I had better re-name
my old roads:
the Point Rue which has its own sinners,
Bràigh na h-Aoidh Boulevard,
and Bayble Promenade
with no sign of a priest,
no word of a saint.

But lurking behind all that
the paining memory of the world there was
that will not awaken again,

LEWIS AGAIN

searradh cridhe is ciùrradh spioraid
gam bàthadh car tiota
ann an lasair sùla
's am mac-talla òrain
's sinn a' coiseachd fhathast
air Sràid an Dòchais.

heart cutting and wounding of spirit
being drowned for a little
in the flash of an eye
and the echo of a song
as we still walk
along Hope Street.

LEWIS AGAIN

AM BÀTHADH

Cha b' e tubaist a bh' ann:
's ann a dh'èirich an sàl
beag air bheag,
a' falach creagan nan Cruithneach,
a' lobhadh nan sgothan Lochlainneach,
ag èaladh tro mhachair nan Gàidheal,
blàth air bhlàth a' dol fodha,
sligean maoraich is cnàmhan dhaoine
a' tighinn gu chèile,
aonadh a' tighinn à dealachadh
is saorsa
a' call a leus anns a' chamhanaich.

Ach air cho saorsainneach 's tha feallsanachd
is air cho stèidhichte 's tha eachdraidh,
's air cho taiceil 's a tha creideamh,
nuair a chì thu an fhairge ag èirigh,
's mar a chaidh creagan 'nan sprùilleach,
's an cop romhad 's air do chùlaibh,
bu cho math dhut bhith gun dùil ri
aiseirigh:
tiodhlaic do dhòchas ri àl eile.

SUBMERGING

It wasn't an accident:
the sea level rose
little by little,
hiding the Picts' rocks,
rotting the Norse skiffs,
edging through the Gaels' machair,
blossom after blossom being submerged,
shellfish shells and human bones
intermingling,
union coming from separation
and freedom
losing its sheen in the dusk.

No matter how redemptive philosophy is,
how established history,
how supportive religion,
when you see the ocean rising,
with rocks turned to rubble,
with foam before you, behind you,
you might as well not expect
renewal:
pass on your hope to another generation.

LEWIS AGAIN

SEÒLADH SÌORRAIDH

Tha Alasdair Chaluim Alasdair
is Niall Iain Ruaidh
a' seòladh nan cuantan fhathast
le na gruaidhean snaighte
aig sgeilbean na gaoithe,
is froiseadh saillte
air am bun-feusaig,
sùilean caomha
a' lorg priobadh na sìorraidheachd,
an dachaigh bhlàth
taobh thall na stoirme,
Iòrdan is Ierusalem,
is Mùirneag a' feitheamh.

EVERLASTING SAILING

Alasdair Chaluim Alasdair
and Niall Iain Ruaidh
sail the seas still
with their cheeks chipped
by the wind's chisels,
and with a salt smirr
on their beard bristles,
kindly eyes
catching glimpses of eternity,
the warm home
beyond the storm,
Jordan and Jerusalem,
and Mùirneag/the loved one awaiting.

(Alasdair Chaluim Alasdair and Niall Iain Ruaidh – respectively from Swordale and Leurbost in Lewis – were well-known skippers in the earlier part of the twentieth century. Alasdair's boat was the Mùirneag, *the last sail-herring-boat to survive, and Niall was a first cousin of my mother.)*

SÙIL AIR GLASCHU
GLANCING AT GLASGOW

GLASCHU-AN

An àite cnuic is uillt
is glasach,
rabaid a' siubhal,
bò air teadhair,
oiteag a' gluasad,
ceò air Campsaidh,
Mungo ag ùrnaigh,
frith-rathad air mòinteach,
cailleach le bucaid,
is gillean
a' sadail chlachan,
tha ar saoghal a-nis
breacte le sràidean
de gach seòrsa.

Feadhainn aca
a' tuiteam às a chèile,
le uinneagan briste,
's air an cùl
daoine briste,
creachte le deoch is drogaichean.

Is feadhainn eile
slàn fallain,
air an togail
air stèidhichean tombaca

GLASGOWS

Instead of hills and burns
and grassland,
a roving rabbit,
a tethered cow,
a moving breeze,
mist on the Campsies,
Mungo at prayer,
a pathway in the moor,
an old woman with a bucket,
and boys
throwing stones,
our world is now
peppered with streets
of all kinds.

Some of them
falling apart,
with broken windows,
and behind them
broken people
shattered by drink and drugs.

While others
are whole and healthy,
built
on tobacco foundations

is cruaidh Chluaidh
is innleireachd luchd-lagha
is chunntasairean:
sràidean farsaing, fallain
a' cur an dreach fhèin
air eachdraidh a' bhaile.

Agus iomadach dreach eile
air beatha a' bhaile,
eadar na daoine annasach
a' fuireach ann,
is cànanan a' tighinn 's a' falbh,
seann Chuimris is seann Ghàidhlig,
Beurla Ghallda, is Lunnainneach,
is Ameireaganach,
Eadailteis is Pòlais
is cànanan Shìona 's nan Innseachan.

Mìltean a' coiseachd nan sràidean,
a' còmhradh 's a' bruadar,
is cuid a' marbhadh,
is corra shionnach a' rùrach
ann an gàrradh.

Ball-coise a' strì ri creideamh,
guidheachan an taice ri feallsanachd,
eachdraidh ga dèanamh 's ga creachadh,
eaglaisean a' caochladh gu taighean-seinnse,

and Clyde steel,
and the ingenuity of lawyers
and accountants:
wide, healthy streets
setting their own stamp
on the town's history.

The life of the town
carries many stamps:
the strange people
who live there,
with languages coming and going,
ancient Welsh and Gaelic,
Lowland, London
and American English,
Italian and Polish,
and the languages of China and India.

Thousands walking the streets,
talking and dreaming,
with some killing,
and the odd fox searching
in a garden.

Football at odds with religion,
curses alongside philosophy,
history being made and destroyed,
churches changing to pubs,

GLANCING AT GLASGOW

caochladh is breith an achlais a chèile,
Marx is Blair beò anns an aon bhaile
air an tug na Gàidheil an t-ainm
Baile nan Srainnsear.

Saoghal ag atharrachadh gun fhaochadh
is Glaschu 'na chabhaig
ga ath-chruthachadh fhèin.

Is sinne a' coiseachd nan sràidean,
an dòchas gu ruig sinn ceann-uidhe ùr
ann an saoghal ùr na h-Alba.

change and birth in close contact,
Marx and Blair alive in the same town
which the Gaels called
the Town of Strangers.

A world changing non-stop
and Glasgow hurrying
to recreate itself.

While we walk the streets,
hoping to reach a new destination
in the new world of Scotland.

FEISTEACHAN

Cus dha na h-aon ghineachan unnad?
An e sin a dh'fhàg samhla na glaoiceachd
air do bhathais mhòr leathainn,
bò air feist
's tu ga leantainn
tron a' ghlaic,
glaist' ann an crìochan cumhang,
's tu faighneachd gu càirdeil
"A bheil mòinteach mhath agaibh ann an Glaschu?"

Feumaidh mi ràdh nach eil,
's ged nach eil sinn gann
de ghineachan de gach seòrsa
anns an lagan uaine seo,
tha ar cuid fhìn againn
de ghlaoicean an t-saoghail
gun bhò gan cumail air feist.

GLANCING AT GLASGOW
Surveying the horizon

SRÀID BHOCHANAIN, GLASCHU

1. Bodach 'na leth-laighe
ann an doras clobhs,
a bhriogais luideach a' slaodadh ris,
rud beag fliuch, fàileadh dheth,
botal leth-fhalamh air a chàradh
ris an t-seann gheansaidh,
na sùilean air seacadh
anns a' chraiceann liorcach, rocach,
frioghan a' bhòn-dè liath-ruadh
  air a ghruaidhean,
bonaid an tòir air sgillinn,
falamhachd ann an dùthaich a' chreachaidh.

2. Gille 's giotàr
an toiseach an earraich,
sùil ri samhradh
a thig ri tìde
gu Sràid Bhochanain,
is cailleachan gasta
a' tilgeil nam bonn
anns an truinnsear
's a' cuimhneachadh
air an danns
a bh' ann.

BUCHANAN STREET, GLASGOW

1. An old fellow reclining
   in a close,
   his ragged trousers drooping,
   a little wet, smelly,
   a half-empty bottle stuck
   against the old jersey,
   the eyes sunk
   in the wrinkled, pitted skin,
   graying-brown bristles from the day before yesterday
     on his cheeks,
   a bonnet looking for pennies,
   emptiness in the land of plunder.

2. A lad with a guitar
   in early spring,
   with an eye to summer
   that will come in due course
   to Buchanan Street,
   while nice old ladies
   throw coins
   in the plate
   and recall
   the dancing
   of earlier days.

3. Gille aig gach còrnair,
   is corra nighean,
   an *Isiu Mhòr* air ùr nochdadh,
   "tasdan an gad air na h-adagan brèagha".

4. An là bha seo bha fear à Àrnol a' seinn
   is theab mi àirigh fhaicinn air a' bheinn,
   ach 's gann a thòisich mi a' faighneachd "Càit …"
   gu facas bùth an Fhrisealaich a' tighinn 'na h- àit'.

   'S an sin thòisich Muileach beag a' crònan,
   a' moladh eilean àlainn sin nan òran,
   's mus do thuig mi gun robh mi 'n tìr nam fèisean
   chuir Whittard 's Lizars bacadh air mo lèirsinn.

   Air an taobh eile, às bith co às a thàinig,
   tha Sràid nam Fàinne a' sìneadh null gu fànas,
   seudan gun chrìch ann am baile mear nan daoimean,
   pèarlaichean fìnealta priobadh 's a' boillsgeadh.

   'S iomadh rud a chì am fear a bhios fada beò,
   caoraich air an t-sliabh is ainglean ann an ceò,
   is air Sràid Bhochanain, blàr ùr nan sonn,
   chì thu corra phìobaire a' filleadh nam fonn.

SÙIL AIR GLASCHU

3. A boy at each corner,
   and an occasional girl,
   the *Big Issue* newly published,
   "a shilling for a withe of the bonny haddies".

4. This day I heard a lad from Arnol sing
   and almost saw a sheiling on the hill,
   before I'd hardly started asking "Where … "
   I heard the ringing of the Frasers till.

   And then a man from Mull began to hum,
   praising the bonny isle with all his might,
   I'd hardly twigged that this was Festive Land
   when Whittard and Lizars obscured my sight.

   Across the road, wherever it appeared from,
   the Street of Rings relentlessly is streaming,
   jewels uncounted in this town of diamonds,
   and elegant pearls winking and gleaming.

   Much can be seen by him whose life is long,
   sheep on the moor and angels in the mist,
   and on Buchanan Street, new battleground,
   you see odd pipers giving tunes a twist.

GLANCING AT GLASGOW

5. Fear-lagha dhen t-seann seòrsa,
air èideadh 'na dhubh-chòta,
ad dhubh air is maide 'na làimh
a' dol gu cofaidh cuide ri na dàimh.

Cunntasairean anns a h-uile cùil
a' sàbhaladh air pàigheadh an luchd-ciùird
ach am bi rud air fhàgail a thèid dhan sporan,
sporan a' chunntasair slàn bhon chorran.

6. Boireannaich eireachdail
le còtaichean fada
air cùl a chur ris a' chùlaist,
a' dol a shireadh
chòtaichean fada.

7. Tha na saoghail againn
air iomallan a chèile
is suathadh gann:
tha danns an rathaid
air cruth ùr a ghabhail
is rathad a' mhorghain
air cruadhachadh gu saimeant.

5. A lawyer of the old sort
   neatly dressed in a black coat,
   black-hatted with a stick in hand
   going for coffee with the old band.

   Accountants all over the place
   saving on payments at the work-face,
   the accountant's purse needs more than a trickle
   and must be saved from the old sickle.

6. Elegant ladies
   in long coats
   deserting the kitchen
   going to look for
   long coats.

7. Our worlds
   touch at the edge
   or hardly touch:
   the dance-on-the-road
   has taken a new form
   and the road gravel
   has hardened to cement.

8. Ghabh an Naomh Mungo cuairt an latha seo
   's ged tha mìltean de shràidean a-nis anns a' bhail' aige
   bha e 'n dùil gum bu chòir dha sùil bheag no dhà
   a thoirt air an tè air a bheil A' Phrìomh Shràid,
   ach air eagal gun tilgte air fochaid na mòrchuis
   tharraing e leabhar mòr dearg às a phòcaid
   is shuidh e air being ann am meadhan na sràid
   a' cumail an leabhair aig Kelman an àird.

9. Agus an sin nochd an Naomh Lally
   's e 'na shuidhe gu rìoghail
   ann an Rolls-Royce a' bhaile.
   "Bha dùil a'm," arsa cailleach san dol seachad,
   "nach robh càraichean ceadaichte air an t-sràid seo."
   "Ist, òinseach," arsa mise,
   "tha a laghan fhèin aig a' Chruthaidhear."

10. Ge b' e cò a chruthaich an t-sràid seo
    chuir an luchd-siubhail an dreach fhèin oirr',
    gach fear is tè
    a' cur bonn ann an truinnsear na cuimhne
    is eachdraidh a' fàs 's a' seacadh
    's i 'na laighe an siud
    air an t-sràid.

8. On a certain day Saint Mungo took a stroll
   and though there are thousands of streets now in his town
   he thought that he ought to give a glance or two
   to the one that is called the Principal Street,
   but rather than risk being accused of being pompous
   he took a large red-covered book from his pocket
   and sat on a bench in the midst of the street
   holding up Kelman's novel so that people could see it.

9. And then on the scene came Saint Lally
   sitting regally
   in a municipal Rolls-Royce.
   "I thought," said a passing old lady,
   "that cars were not permitted in this street."
   "Be quiet, silly," said I,
   "the Creator has his own laws."

10. Whoever created this street
    its users have put their own stamp on it,
    each man and woman
    putting a coin in memory's plate,
    while history grows and shrivels
    lying there
    in the street.

GLANCING AT GLASGOW

UAIGNEAS A' BHAILE-MHÒIR

Ann an uaigneas a' bhaile-mhòir
thig boillsgidhean ort bho gach taobh,
èaladh is bruthadh an siud 's an seo,
dranndan 's faram
à ionadan uaigneach eile:
clann òg gun athair,
samh na dibhe,
truailleadh dhroga,
is a' chainnt
a thug fortan gu Kelman,
's ann an cùiltean eile
còmhradh a' bhodaich Hearaich
a' cuimhneachadh Ròineabhail
's a' smuaineachadh mun a' mhorghan
a thig à beinn na cuimhne:
Ròghadal bho chionn leth-cheud bliadhna
is Eaglais Chliamain.

Bha daoin' ann a-riamh
a bha beò air sprùilleach,
bhon chuimhne no bhon chreagach,
ga shìor dhùsgadh,
's an t-uaignes gam bruthadh
gu creideamh no bàrdachd,

CITY LONELINESS

In the loneliness of the city
glimpses of light come from all sides,
an edging or push from here and there,
a murmur, a clangour
from other lonely places:
young fatherless children,
the stench of drink,
defiling of drugs,
and the language
that brought a fortune to Kelman,
and in other nooks
an old Harrisman's talk
remembering Ròineabhal
and thinking of the gravel
that comes from memory's mountain:
Rodel fifty years ago
and St. Clement's Church.

There have always been people
living on fragments
from memory or rock-blasting,
always re-working them,
with loneliness pushing them
to belief or poetry,

is lusan ùra
a' tighinn beò às an fhàsach:
carson nach biodh dùil againn
ri muthadh
sa mhadainn a-màireach?

SÙIL AIR GLASCHU

while new plants
appear from the wilderness:
why not expect
change
tomorrow morning?

SRÀID SAUCHIEHALL, MADAINN DIHAOINE

Gach fear is tè air a rathad fhèin:
bodach tomadach liath a' dabhdail,
cailleach chruinn leathainn a' plocadaich,
ban-Shìonach saor son mionaid on taigh-bìdh,
dithis à Sgoil nan Ealain air iomall fànais,
tè òg le tuill anns na stocainnean dubha,
a' chliar-sheanchain ri ceòl is buiceil,
fear a' tighinn às a' bhanc le sporan làn
is duine gun bhiadh gun leabaidh a' smèideadh ris,
gille is caileag a' pògadh air an t-sràid,
ban-Thurcach air a suaineadh,
is fear à Grianaig a' lorg CD,
Pàrthas caillte is ri chosnadh,
ath-ghoirid eatarra
air Sràid Sauchiehall
madainn Dihaoine.

SAUCHIEHALL STREET, FRIDAY MORNING

Everyone following his own road:
a podgy grey old man sauntering,
a buxom broad-beamed old lady plodding,
a Chinese woman released for a minute from the restaurant,
a couple from the Art School in the distance,
a young girl with holes in her black stockings,
the street musicians hopping and making music,
a man coming from the bank with a full wallet
and another lacking food or home attracting his attention,
a boy and a girl kissing in the street,
a Turkish woman well wrapped,
and a fellow from Greenock looking for a Compact Disk,
Paradise lost and to be regained,
a short-cut between them
on Sauchiehall Street
on Friday morning.

LINN AN ÀIGH?

Nuair a thàinig peinnsean nam bodach –
deich tasdain bhon Aingeal Liberaileach –
thog e còmhradh gu leòr,
is bha feadhainn ann
nach do dh'fhairich cudthrom den t-seòrsa
'nan làmhan a-riamh,
's bha cuid ann
a thug an taing do Sheòrsa fhèin,
an Còigeamh fear,
ged nach do dh'aotromaich e an sporan aigesan.

Tha notaichean ann a-nis an àite seann sgillingean,
is na milleanan a' tarraing peinnsein,
's chan e bodaich a-mhàin.
Linn an adhartais, an dùil?
Linn an àigh?
Ach an seo ann an Glaschu
chan fhaic mi ach corra aingeal
a' sgiathalaich tro na sràidean,
's an àite slat-dhraoidheachd
tha cus ann aig a bheil inneal nas geòire
am falach fon an t-seacaid robaich.

THE ERA OF HAPPINESS?

When the old men's pension was launched –
ten bob from the Liberal Angel –
it stirred a lot of talk,
and there were some
who had never experienced such a load
in their hands,
and there were some
who thanked George himself,
the Fifth George,
though it did not lighten his wallet.

Now we have notes instead of pennies,
with millions drawing pensions,
and not just old men.
An era of progress, perhaps?
An era of happiness?
But here in Glasgow
I see only an occasional angel
winging its way through the streets,
and instead of a magical wand
too many have a sharper instrument
hidden beneath the shabby jacket.

CRITH-THALMHAINN

Tha cian nan cian a-nis bho thàinig
gaineamh an t-Sahara a Ghlaschu,
is tha creagan Leòdhais tòrr nas sine
na Tursachan Chalanais,
ach fhathast, chan eil sinn air ar glasadh
ri mòinteach is cladach,
no ann an taighean-prìosain
nam bailtean:
's tha crith-thalmhainn
gar sgapadh
gu rannan-ruadha an t-saoghail mhòir
's ar cainnt 's ar dualchas gar leantainn.

EARTHQUAKE

It was many ages ago
that the sand of the Sahara reached Glasgow,
and the Lewis rocks are much older
than the Callanish Giants,
but still we are not confined
to moor and seashore,
nor to the prisons
of the cities:
and an earthquake
scatters us
to the far edges of the great world,
with our language and our tradition going with us.

GLASCHU NAN CINNEACH

Dubh is donn,
sùilean cruinn is sùilean fada,
sròn chreagach is sròn phlaomach
còmhradh Eadailteach is Sìonach,
boireannaich le aodach Innseanach
is fir le adan Iùdhach,
Uibhisteach a chùm ris a' bhonaid,
is corra chailleach le caille.
Dè cho fad' 's a fhreagras iad ri 'Jimmy',
no an toir bana-Thurcach 'Senga' air a pàiste?
Cuimhnich, seo Glaschu,
is cheannsaich sinn Piocaich is Cuimrich nar latha,
is corra Shasannach,
ged nach d' fhuair sinn smachd air na h-Èireannaich fhathast.

GLASGOW OF THE FOREIGNERS

Black and brown,
eyes both round and extended,
a craggy nose and a fleshy one,
Italian and Chinese talk,
women wearing Indian dresses
and men with Jewish hats,
a Uist-man who has kept his bonnet,
and an occasional nun with a veil.
How long will they accept the name 'Jimmy',
or will a Turkish woman call her girl 'Senga'?
Remember, this is Glasgow,
and we defeated the Picts and the Welsh in our time,
and occasional English folk,
though we still haven't controlled the Irish.

DÀIN ÀS AN FHONN
SONGS FROM THE LAND/TUNE

A' SIUBHAL NAM BLÀTH

Seillean
dian, dùrachdach
a' siubhal nam blàth
mar a bhà
ann an Àird nam Murchan
o chionn dà cheud bliadhna gu leth
agus an dubh-Mhùideartach
ga dhian-amharc,
agus a-rithist
ann am meadhan a' gheamhraidh
a' dùsgadh na cuimhne sin.
An dùil am mair
blas na meala sin
dà cheud bliadhna gu leth eile
is a' Ghàidhlig leth-bheò
ann an duilleagan sgoileir.
Carson nach maireadh
agus Horace is Catullus
fhathast a' dùsgadh am blàth
nar cridheachan.

RECONNOITERING THE BLOSSOMS

A bee
steadily, industriously
reconnoitering the blossoms
just as
in Ardnamurchan
two and a half centuries ago
while the Dark-Moidart-man
observed it keenly
and later
in midwinter
revived the memory of it.
I wonder if the taste
of that honey will last
another two and a half centuries,
with Gaelic half-alive
on the pages of scholars.
Why not
when Horace and Catullus
still blossom
in our hearts.

(*The Dark-Moidart-man is a nickname given to himself by the 18th century poet Alasdair Mac Mhaighstir Alasdair.*)

NA COLMAIN

Na colmain cho trang ri na daoine,
na cinn a' gobadaich,
na casan cuimir 'nan cabhaig,
uaireannan a' cromadh gu talamh
's a' sleamhnachadh car tiotaig
air na leacan loma;
na fir a' coiseachd tromhpa
mar nach robh iad ann,
na mnathan nas cùramaich
ged nach leig iad a leas;
a leas fhèin aig gach creutair
anns a' ghàrradh annasach
a thog sinn 's a chaidh a thogail dhuinn
bho bhlais Adhamh air an ubhal
fada mus d' fhuair an colman ainm,
is Eubh a' blaiseadh an t-sonais
a tha a' bòcadh 's a' sìoladh
gun sgur, gun fhaochadh
ann an saoghal nan saoghal.

THE PIGEONS

The pigeons as busy as the people,
heads bobbing,
elegant hurrying feet,
sometimes pecking the ground,
slipping momentarily
on the bare flagstones;
the men stride through them
as though they didn't exist,
the women more careful,
not that they need to be;
every creature has its own plot
in the strange garden
we built and had built for us
since Adam tasted the apple
long before the pigeon got its name
and Eve tasted the happiness
that swells and subsides
unendingly, without rest,
in the world where we lead our lives.

ÒRAIN ÀS AN FHONN

Òrain ag èirigh às an fhonn
is fuinn gan cur air na faclan:
uair dha robh saoghal
bha bann eadar gach bile,
gach flùr is lus is duilleag,
gach ainmhidh 's gach eun,
agus na daoine a bha siubhal
air am feadh,
sionnach is comhachag,
earb is feòrag
a' fuireach an ath dhoras
ri gillean is caileagan,
is an ceòl
air an eadar-lìon fhèin.
Ach an-diugh,
is eadar-lìon ùr againn,
is dòcha gun cluinn sinn
panda a' strì ri pèacog,
no Banquo ri Bimbo,
le ceòl air iasad
bho Phresley no Lennon.

SONGS FROM THE LAND/TUNE

Songs rising from the land/tune
and tunes added to the words:
once upon a time
there was a bond between each blade,
each flower and herb and leaf,
animals and birds
and the people who wandered
among them,
fox and owl,
roe and squirrel
living alongside
lads and lassies,
with their music
on their own internet.
But now
with our new internet
perhaps we may hear
a panda competing with a peacock,
or Banquo with a Bimbo,
using music borrowed
from Presley or Lennon.

CÒMHRADH RI CUILEIG

Thuirt mi ris a' chuileig
"Dè do bheachd air an t-saoghal seo?
A bheil an là a' fàs fada dhut?"
'S tha mi smaoineachadh gun duirt i rium
"Tha a ginealach fhèin aig gach cuileig
is feasgar a' tighinn am fagas,"
is thuirt mi rium fhìn
"Tha mi eòlach a-nis air còig ginealaichean
a' siubhal eadar mòinteach is sràid."
Ach 's ann a chuala Tighearna nan Cuileag
an ràbhart againn,
is thàinig an guth beag bìogach seo thugam:
"Na bi a' gogail mu na ginealaichean slaodach sin;
b' fheàrr dhut a bhith coltach rinne:
an-diugh 's a-maireach 's dà là eile."

FLY TALK

I said to the fly
"What do you think of this world?
Is the day growing long for you?"
And I think she said to me
"A fly has its own generation
and evening is drawing in,"
and I said to myself
"I am familiar now with five generations
as they moved between moor and street."
But the Lord of the Flies
heard our babbling,
and this squeaky little voice came to me:
"Don't cackle about these lingering generations;
it were better for you to be like us:
today and tomorrow and two days more."

(*The final line is a Gaelic proverbial saying.*)

EUN ANNS AN LEAS

Eun anns an leas
air mullach craoibh,
a' còmhradh 's a' blabadaich:
a' cuimhneachadh a màthar
's a seanair, is dòcha?

Is thuirt mi rium fhìn,
tha càirdeas air choreigin
eadarainn uile:
eòin is ainmhidhean,
Goill is Gàidheil,
fàidhean is amadain.
'S fheàrr dhuinn,
mas urra dhuinn,
ar cluasan 's ar sùilean
a chumail fosgailte
ach am faic sinn 's an cluinn sinn
an saoghal mòr
a tha a' rùrach 's a' bùrach
mur timcheall.

A BIRD IN THE GARDEN

A bird in the garden
up on a tree,
talking and babbling:
remembering her mother
and perhaps her grandfather?

And I said to myself,
we all have
some sort of relationship:
birds and animals,
Lowlanders and Highlanders,
prophets and fools.
We had better,
if we can,
keep open
our ears and eyes
so that we can see and hear
the wider world
that delves and searches
around us.

SONGS FROM THE LAND/TUNE
Surveying the horizon

RIAN

Dòrtadh uisge
's gaoth air an uinneig
's na srianagan beaga sin
a' siubhal nam bliadhnachan mòra,
boinneagan ar saoghail
a' sgapadh 's a' tighinn gu chèile,
an Tuil Ruadh a' faomadh
's na h-uisgeachan a' sgaradh
's a' bhirlinn a' tighinn gu caladh.

'S e obair fir-ealain
cruth a chur air an fhànas
ma nochdas e,
is gus an nochd
amaladh nan srianag
a chur ann an rian
mus caill e a rian.

ORDER/SANITY

A torrent of rain
and wind on the window
with these little streaks
traversing the long years,
drops of our world
separating and joining,
the Red Flood descending
and the waters parting
and the galley reaching harbour.

The artist's work
is imposing shape on the void
if that appears,
and till it does
ordering
the intertwining streaks
while his sanity lasts.

SONGS FROM THE LAND/TUNE
Surveying the horizon

AOIS IS AMAIDEAS
AGE AND NONSENSE

GÀIRE

Iseabail òg
a' cuimhneachadh do mhàthar dhomh
nuair a bha i òg,
is ise a' cuimhneachadh
mo mhàthar dhomh nuair a bha mise òg.
Is bòidheach
mar a tha na ginealaichean
air an suaineadh
is mar a thèid dualchas
an aghaidh nan creag.

Ach tha a lì fhèin
aig gach ginealach:
lasair obann ann am fiamh do ghàire
mus tèid do chorrag 'na do bheul
's tu beachdachadh
air dìomhaireachd an t-saoghail bhig sin
air na chuir thu eòlas,
gun ghuth air an dìomhaireachd mhòir
tha sgaoilte 'na lùban romhad.

LAUGHTER

Young Isabel
reminding me of your mother
when she was young,
and she reminding me
of my mother when I was young.
It is lovely
how generations
are interwoven
and how heredity
overcomes the rocks.

But each generation
has its own radiance:
a sudden sparkle lighting up your laughter
before you put your thumb in your mouth
as you contemplate
the mystery of that tiny world
you have become acquainted with,
not to mention the great mystery
that spreads in coils before you.

AMÉLIE

Ban-ogha gu bhith bliadhna a dh'aois,
's mi cuimhneachadh air a sean-seanmhair
a rugadh o chionn ceud is ceithir-deug bliadhna:
ged a tha na bliadhnachan fada
tha iad air an toinneamh
ann an clò na h-eachdraidh,
riobagan air an suaineadh
's an dathan a' cur dreach
air dealbh ar beatha,
a' bheairt a' cruinneachadh a' bheairteis
's a' chuimhne a' stàmpadh
cruth air an t-saoghal againn
's a' ceangal nan linntean
ri chèile.
Sin thu, Amélie,
dèan èigh is gàire,
's do shùilean a' mire
ris an t-saoghal mhòr
a tha a' fosgladh romhad.

AMÉLIE

A grand-daughter almost a year old
and I remember her great-grandmother
who was born a hundred and fourteen years ago:
though the years are long
they are spun into
history's tweed,
fragments intertwined
with their colours shaping
our life's picture,
the loom assembling richness
and memory asserting shape
on our world,
and tying the generations
together.
Good for you, Amélie,
shout and laugh
as your eyes twinkle
at the great world
that opens ahead of you.

SONA

Ged as e Sona bh' air a' chat againn
cha robh i 'n-còmhnaidh sona:
corra uair bheireadh i ionnsaigh
air a' chù mhòr taobh eile an rathaid
is theicheadh esan 'na dheann
le earball eadar a chasan.
Ach an uair a chitheadh i iasg air a' bhòrd
's an cidsin falamh son mionaid
bha i cho sona 's a ghabhas
oir cha bhi sonas air bus lom.
Bha i gu math sona is Tia a' còmhradh rithe
ach 's e sgeul eile a bh' aig Calum
's e tarraing a h-earbaill
anns an dà sheagh.
Tha iomadach dealbh air sonas
is tha iad a' mairsinn beò
ged a tha na deicheadan
a' siubhal 's a' siubhal
leis a' mhialaich a' fàs fann.

AGE AND NONSENSE
Surveying the horizon

BRUAILLEAN

Fèin-dhìteadh ag èirigh
à neòil dhubha na camhanaich
aig toiseach na bliadhna,
a' chuimhne toirt sgrìob is sgreuch
is na bliadhnachan fada
a' tilgeil nan sgrathan.
Nach neònach
cho furasta 's a tha e sìth a bhriseadh
is cadal suaimhneach
a thionndadh gu bruaillean,
ged tha fios againn
gu bheil a' ghrian a' deàrrsadh
os cionn nan sgàile
's an saoghal mòr
coma co-dhiù
mu na draghan beaga
a tha siubhal ann an eagan
na h-inntinn.

ANXIETY

Self-criticism erupting
from the black clouds of dust
at the start of the year,
memory scraping and screaming
and the long years
throwing up turf-clods.
It's strange
how easy it is to intrude on peace
and turn calm sleep
to anxiety,
though we know
that the sun is shining
above the clouds,
and that the great world
doesn't give a damn
for the little worries
that roam in the notches
of the mind.

SAOGHAL NAN CAR-A'-MHUILTEIN

Ann an saoghal nan car-a'-mhuiltein
far a bheil a' bhò a' tuiteam air a bus
is Beairteas an inbhe na diadhachd
feumaidh sinn a bhith air ar faiceall
nach eil min-fuadain air a' chlàr
is baoghal am bucas nan uighean;
chan eil am bradan cho slàn
às eugmhais siubhal a' chuain mhòir,
's tha 'n fheòil
nas cunnartaich na bha i riamh.
Ciamar a nì sinn ar biadh
às an teagamh a tha gar suaineadh
's às a' chluaineas
a tha ga sgaoileadh
air ar raointean?
A bheil leum-a'-bhradain
tuilleadh is fad' dhuinn
is toll-dubh nan speur a' fàs
nas luaithe na ar gràs?

A WORLD OF SOMERSAULTS

In the world of somersaults
where the cow falls headlong
and Wealth replaces godliness
we must be wary
of polluted meal in the trough
and peril in the egg-box;
the salmon's health suffers
from not traversing the ocean,
and meat
is more dangerous than it ever was.
How can we survive
from the doubt that surrounds us
and from the treachery
that is being spread
in our fields?
Has the salmon's leap
become too long for us,
and is the black hole in the sky growing
faster than our grace?

SGRÌOBAN

Nuair a chrìonas an làmh,
an fheòil air seacadh, is an fhuil
air sìoladh,
is gun dad air fhàgail
ach an cnàmh,
dh'fhaodadh gum mair
cuid de na strìochagan
a dh'fhàg i air iomadh pàipear bàn,
is beagan tachais
a' siubhal bho na meuran luasganach
a bh' air an gluasad
leis an inntinn gu h-àrd.

SCRATCHINGS

When the hand withers,
the flesh subsiding, and the blood
drained away,
with nothing left
but the bone,
perhaps some of the scratchings
it left on many white papers
will survive,
with itchings
moving from the restless fingers
that were impelled
by the brain above.

SEACAID

Bodach le dusan bàidse
air a sheacaid,
eallach
gu aotromachadh a' chridhe,
gu bruthadh a-mach às a chuimhne
fàsalachd a bheatha:
tha a' bheatha làn
de chriomagan suarach
a dh'fheumas sinn a ghiùlan,
's mur eil dòigh againn
an aonadh ann an cearcall
tha cho math an càradh
air ar seacaid.

A JACKET

An old man with a dozen badges
on his jacket,
a load
to lighten the heart,
to edge out of his memory
the emptiness of his life:
life is full
of worthless fragments
which we must carry,
and if we cannot
join them in a circle
it's as well to set them
on our jacket.

FÀSACH NA SRAINNSEARACHD

Nuair a tha an taigh bàn
's na siantan a' dol an sàs
gu làrach a dhèanamh far an robh dachaigh
chan eil math a bhith bruadar
am measg nan cuiseag,
a' seachnadh nan deanntag
's a' cunntadh freumhan an rainich,
is ged is math a bhith togail nan ainm
's a bhith faicinn sitheadh nan ìomhaigh
cha dèan thu do bhiadh ast',
is mur a bheil tearmann
agad anns an ath shaoghal
dè idir a shàbhaileas tu
bhon a' bhaoghal
a tha a' bagairt
no eadhon a' sainnsearachd:
chan eil air ach coiseachd
gu furachail
ann am fàsach na srainnsearachd.

AGE AND NONSENSE
Surveying the horizon

ÀROS NAN AOSTA

Ann an Àros nan Aosta
tha na bodaich cruinn, crùbte,
gach fear air cathair,
a' brunndail,
's an TV a' cabadaich,
drip an t-saoghail
a' siubhal seachad orr'
is tea na maidne
air traoghadh,
is arsa 'm fear bu shine dhiubh
"A bhalachaibh,
an dùil am bi Sandaidh Sheòrdaidh
a' cluich dha na Rangers a-nochd?"
"'S ann dhà a thigeadh,"
arsa fear eile,
"mura bheil e a' fàs lapach."
"Chan eil an lapachd,"
ars am bodach mòr,
"ach anns na casan.
Tha 'n inntinn a' leantainn oirre
tòrr nas fhaide."
"Tha ann an cuid,"
ars am fear eile,
"ach mas math mo bharail,
bheir an inntinn an car às na casan
gu math aithghearr."

"Na caraich,"
ars am bodach mòr,
"cha tàinig deireadh an latha fhathast."
Agus lean iad orra
a' brunndail 's a' caithris.

AN DÙBHLACHD NAS DLÙITHE

"Aois mhosach gun dreach"
's e bh' aig a' bhàrd oirr'.
Tha i mar sin uaireannan,
's i glaist' ann an Àros nan Sean,
no cùbte an leabaidh tinneis,
ach tha iomadh sealladh eile oirr':
àbhachdas mu bhòrd a' chòmhraidh,
cùbhraidheachd cuimhne,
taingealachd son beairteas beatha,
ùrachadh bho oghaichean,
gaol ag ath-dhùsgadh,
sonas a' mùchadh donais.
Thèid Lear gu cùl na cuimhne
's thig Yeats am bàrr
a' sealg nan ìomhaighean iongantach
a dh'èirich às an anshocair,
's ar dùil ri earrach is samhradh eile
ged tha am foghar gu bhith ullamh
's an Dùbhlachd nas dlùithe.

DECEMBER CLOSER

"Nasty featureless age"
as the bard put it.
At times it is like that,
locked in the Old Folks' Home,
or crouched in a bed of sickness,
but there are many other ways of seeing it:
the fun of table-talk,
fragrant memory,
thankfulness for life's riches,
renewal from grandchildren,
love re-blossoming,
happiness extinguishing misery.
Lear recedes in the memory
and Yeats surfaces
hunting the marvellous images
that rose from unease,
as we anticipate another spring and summer
although autumn is almost over
and December is closer.

A' TUITEAM

A' tuiteam dhan an toll dhorcha
dh'fhairich mi sprùilleach nam bliadhna
a' dol sìos cuide rium,
is corra bhloigh de chloich-ghràin
a' boillsgeadh às a' mhorghan,
freumhaichean a bh' ann
air am pòsadh ris an ùir,
's gun cus smuain agam
air na blàthan a thigeadh am bith,
no air a' chloich eireachdail
a thogaist os mo chionn.

AGE AND NONSENSE
Surveying the horizon

SAOGHAL NA DÌOCHUIMHNE

Triùir chailleachan ann an saoghal na dìochuimhn',
beò anns a' chuimhne,
paisgte ann an cathraichean-euslaint
's an triùir luchd-frithealaidh
a' còmhradh ri chèile
's a' cuimhneachadh, corra uair,
air na cailleachan,
gàire beag a' dùsgadh 's a' sìoladh
ann an leabaidh na cuimhne,
's an dìochuimhn' a' tilleadh,
flagach, brèid a' gluasad,
 ... tha cuimhn' a'm ...
càit an robh sinn am feasgar sin?

THE WORLD OF FORGETFULNESS

Three old ladies in the world of forgetfulness,
living in memory,
tucked into chairs-for-disabled
with their three caretakers
chatting together
and occasionally remembering
about the old ladies,
brief laughter awakening and subsiding
in memory's bed,
and forgetfulness returning,
flaccid, a head-square moving,
 ... I remember ...
where were we that evening?

SLIGHE A' CHIÙRRAIDH

'Na do sheann sheacaid,
's do bhriogais phiullach a' slaodadh riut,
obair deoch furasta aithneachadh ort,
na pluicean a bh' ann air seacadh,
is gath an dòchais air chall
ann an lag nan sùl,
thug thu sràid bheag
tro dhùmhlachd Stèisean an Central
air Slighe a' Chiùrraidh,
is laigh do shùil
air brogach tapaidh
le seacaid leathair,
le na facail air a dhruim:
Jesus Saves.

THE PATH OF WOUNDING

Wearing your ancient jacket,
your ragged trousers hanging loosely,
effect of drink easily noticeable,
the once-chubby cheeks drawn,
and the glint of hope
lost in the hollow of the eye,
you walked a few paces
through the crowded Central Station
on the Path of Wounding,
and you noticed
a strapping youngster
wearing a leather jacket
with these words on his back:
Jesus Saves.

THÈID SINN DHAN T-SABHAL

Thèid sinn dhan t-sabhal,
hiodaram hadaram,
's cuiridh sinn crìoch
air a' chrìonadh a bh' eadarainn,
cuiridh sinn Beurla,
hi oro èile,
far am bu chòir dhi bhith
shìos fon an dèile,
's cuiridh sinn Gàidhlig,
him bò haoim,
far am bu dual dhi bhith
'm mullach a' chroinn,
le coimpiutair ga thatadh,
saili hòs saili hàs,
is stòras de data
a' tighinn às a mhàs,
is sruthan de phrògraman,
haicheam o hì,
nach fhacas an leithid
a-riamh air TV.

AGE AND NONSENSE
Surveying the horizon

AODANNAN

Cràgach
creagach
ciùin
caimhleant
mìn
meallta
nimheil
nàimhdeil
bòidheach
bòstail
gòrach
grinn
socair
soitheamh
crosta
cruinn
plocach
pluiceach
dàimheil
donn
gàireach
gruamach
pògach
pronn

aoigheil
òigheil
fàilteach
fann
liùgach
leòmach
tùrail
teann
gaisgeil
gaolach
tàirneach
truagh
rocach
ròsach
norrant
nuadh.

LAOICH
CHAMPIONS

MAC MHAIGHSTIR ALASDAIR

'Na do chuairt fhada tron fhàsach
nach lìonmhor na h-ìomhaighean
's na h-iongnaidhean
air na laigh do shùil,
cuach is cuachag,
uamh is uaigh,
seileach is seillean,
nathair is nìonag,
grian is ceò
air Beinn Shiant 's Beinn Nibheis,
duibhre Rainich
is gaineamh Mhòrair,
geòcachd 's gainne,
Prionns' is Feòladair;
eachdraidh a' cur nan car
is pìob ga spreigeadh,
Caimbeulaich thorcach
's leòmhainn Chlann Dòmhnaill,
lagh is eaglais
is smuaintean feòlmhor.

MAC MHAIGHSTIR ALASDAIR
(the 18th century poet)

In your long journey through the wilderness
you glimpsed so many images,
so many strange things,
drinking cup/cuckoo,
curled hair/young girl,
cave and grave,
willow and bee,
adder and lassie,
sun and mist
on Ben Shiant and Ben Nevis,
gloom of Rannoch
and sands of Morar,
gluttony, famine,
Prince and Butcher;
history somersaulting
and bagpipes inciting,
Campbell boars
and Clan Donald lions,
law and church
and lecherous thoughts.

CHAMPIONS
Surveying the horizon

ÙISDEAN MACDHIARMAID

Nuair a thòisich thu a' rùrach
ann an seann chainnt nan Crìochan
is dòcha nach robh brath agad
gun togadh na facail
chan e mhàin moladh is càineadh
is fallaing na meirge
bho ulaidhean àrsaidh,
agus fo gach sgàineadh
gu fàsadh craiceann dùinte
air spiorad brùite
ar seann dualchais,
am misgear 's an cluaran
(a dh'aindeoin gach buairidh)
a' dùsgadh ar dòchais
's gach ginealach ùr
a' cur ris an loinn
a bha 'g èirigh às an t-seann fhonn;
's ged a chuir thu cùl
ùine fhada ris an t-suairceas sin
cha deach e air chall,
's ri ùine tuigidh an dall
gum mair faileas nan leugan
air na reultan a lorg thu
nar speuran.

HUGH MACDIARMID

When you started searching
the ancient speech of the Borders
perhaps you did not realise
that the words would stir
both praise and blame,
lifting the mantle of rust
from age-old treasures,
while under each crack
a skin would form
on the bruised spirit
of our ancient inheritance,
the drunk man and the thistle
(despite the doubts)
raising our hopes,
with each new generation
adding to the beauty
that grew out of the old tune;
and though you turned your back
for a long time on that loveliness
it did not disappear,
and in time the blind will see
that the sheen of jewels lives
on the stars you found
in our skies.

TÒMAS MACCALMAIN

Aig fois a-nis
d' inntinn 's do pheann,
an dèidh nam millean facal a sgrìobh thu
an Gàidhlig 's am Beurla;
tha do chàrn togte,
's nan leughadh daoine
na facail tha sgrìobht' air
chitheadh iad sìth is ciùine
an taice ri cruas,
creideamh is càirdeas is tuigse,
sìmplidheachd is gràdh
cuide ri geurchuis –
chan eil mòrchuis no càineadh
idir ann,
no fèinealachd;
cothrom na Fèinne,
is cliù an t-Slànaigheir,
is lèirsinn.

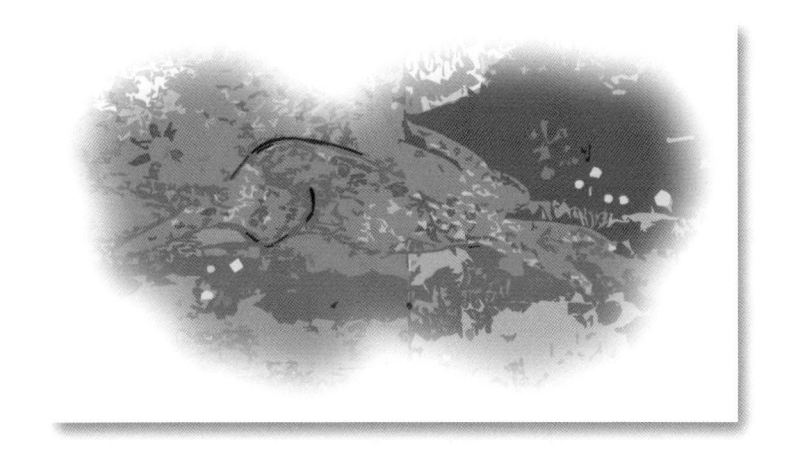

CHAMPIONS
Surveying the horizon

IAIN GRIMBLE (1921-1995)

Nuair a thuit thu aig bun na staidhre
dh'fhairich ar n-eachdraidh an grèim;
ged a bha an rathad fada
bho Hong Kong, tro Winchester
is Àth-nan-Damh is Lunnainn,
ràinig thu Dùthaich MhicAoidh
is dh'fhàg thu làrach innte
a mhaireas.
Bha do bhodhaig làidir
's do chridhe dìleas
chun na mionaid mu dheireadh,
do pheann a' freagairt d' inntinn
le leum-àrd
's do bhuille-snàmh
a' sgathadh uisgeachan buairidh
's a' fàgail soilleir às do dhèidh.
Tha fhios gun cuir Rob Donn fàilt' ort
ma thachras sibh ann an saoghal eile,
's bidh sgeulachd no dhà agaibh
mu Shrath Nabhair 's Gleanna Gallaidh.
Dhuinne, a th' air ar fàgail,
gus an tig am beum
bidh cuimhn' againn air d' uaisleachd
's air do ghàire
's air sgaiteachd do sgeul.

IAN GRIMBLE (1921-1995)

When you fell at the foot of the stair
our history felt the pain;
though it was a long road
from Hong Kong, via Winchester
and Oxford and London,
you reached the Mackay Country
and left a mark there
that will last.
Your body was strong
and your heart true
to the final minute,
your pen answering your mind
with a high-jump
and your breast-stroke
splitting the waters of contention
and leaving clear water behind you.
Undoubtedly Rob Donn will welcome you
if you meet in another world,
and you will exchange stories
about Strath Naver and Glen Gollaidh.
For us, left here,
until the stroke comes
we will remember your nobility
and your laughter
and the cutting-edge of your story.

EACHDRAIDH IS POILITIGS
HISTORY AND POLITICS

A' CHUIMHNE

A' chuimhne
a' cur charan
thall 's a-bhos
eadar mòinteach is sràid,
eadar aighear is ànradh,
eadar òige is aois,
eadar Alba 's Iraq,
carach, cugallach,
eachdraidh ga suaineadh
ann an lìon nan òran,
is clachan-cuimhne Cruithneach
a' strì ri sgrìobhaichean
Laideannach is Gàidhlig is Beurla,
Lochlannaich a' milleadh 's a' mealladh
's a' togail birlinnean ùra
anns an t-saoghal
chaochlaideach
tha fosgladh 's a' dùnadh
gun sgur, gun fhaochadh.

HISTORY AND POLITICS
Surveying the horizon

CREACHADH

"Tìr nam beann, nan gleann 's nan gaisgeach":
tha na glinn 's na beanntan againn fhathast
is còmhnardan tarbhach nan tuathanach,
gun luaidh air tràighean is eisirean,
eathraichean iasgaich air chiallaidh,
is mòintichean falamh de dhaoine,
Cluaidh air chluainidh,
eileanan gan reic ri eilthirich
is tobraichean ola gan spùinneadh,
is sinn fhathast a' bruidhinn mu shaorsa.
Ach tha cus de ar coimhearsnaich
glaiste ann an daorsa:
fo chuing nan tabloid 's nam bhidio,
deoch is drogaichean
gan togail à dòrainn
's gan tilleadh
gu staid nas miosa.
Rinn sinn prìosanan dhuinn fhìn
's tha thìd aig na gaisgich
tilleadh
's am Bastille seo a chreachadh.

STORMING

"Land of mountains, glens and heroes":
we have the glens and mountains still
and the farmers' productive plains,
not to mention beaches and oysters,
laid-up fishing-boats
and unfrequented moors,
Clyde retired,
islands sold to foreigners,
oil wells plundered
while we still talk about freedom.
Too many of our neighbours
are locked in thralldom:
yoked to tabloids and videos,
with drink and drugs
lifting them from despair
and returning them
to worse conditions.
We have made prisons for ourselves
and it is high time the heroes
returned
to storm this Bastille.

SORAIDH SLÀN LEIS AN TROSG?

Cuid ag ràdh soraidh slàn leis an trosg
às bith dè tha seo dol a chosg,
agus anns an aon lìon tha an adag
's cuiridh sin cuideachd sradag
ris an teine tha dol a lasadh
bàta is beòshlaint
nan iasgairean calma
anns an eag seo den Roinn-Eòrpa.
Ach dè mu dheidhinn
nan spùinneadairean Spàinneach
's nan riaghladairean gràineil
a tha lìonadh an sporain fhèin
is lìon am beatha
a' dol bàn
aig na h-iasgairean càirdeil
anns a' cheàrnaidh iomallach
seo air a bheil an t-ainm Alba?

HISTORY AND POLITICS
Surveying the horizon

SAOGHAIL

Saoghal is saoghal a' tighinn gu crìch:
bochdainn nan Afghan
is mulad Afraga,
bomaichean a' togail dust
's a' leagail beatha,
gunnaichean gan cur fon talamh
an ceann-a-tuath Èireann,
ach a' losgadh fhathast
thall 's a-bhos,
tuiltean an Sasainn
's an deigh a' leaghadh
gu tuath is gu deas,
cànanan a' leaghadh cuideachd
is cuideachd a' dol à cuimhne,
cràbhadh a' crìonadh
is cràbhachd ùr a' fàs
's a' breothadh.
Saoghal ùr, an dùil an è,
no an seann saoghal fhathast beò?

WORLDS

World after world coming to an end:
poverty of the Afghans
and Africa's misery,
bombs raising dust
and toppling lives,
guns being buried
in Northern Ireland,
but still firing
all around,
floods in England
and ice melting
in the north and the south,
languages melting too
and community being forgotten,
religion withering
and new religion growing
and crumbling.
A new world, is it,
or the old world still alive?

FEANNAG

Feannag a' coiseachd na sràide
a' piocadh closach eun eile a bhàsaich,
no ann an aonranachd na mòintich
a' sealg am broinn caora
a chaochail, car coltach ri na daoine
bhios a' marbhadh 's a' truailleadh
an co-luchd-dùthcha
ann an Kosovo 's an Afraga
's air feadh an t-saoghail.

Agus anns an t-saoghal sin
tha Glaschu is Obar Dheathain
is Sasainn is Èirinn,
ged nach eil sinn air ar glasadh
ri borbalachd ar sinnsearan
ann an Gleann Comhann
's ann an Lunnainn,
's ged a tha Bùidsear Chumberland
air a bhith còrr is dà cheud bliadhna
anns an ùir.

Tha rudan ùr gu leòr anns an t-saoghal againn
ach cha bu chòir dhuinn ar sùilean a dhùnadh
ris an fheannaig
a tha fhathast a' coiseachd ar sràidean.

CARRION-CROW

A carrion-crow walks the street
nibbling the carcase of another bird that died,
or in the loneliness of the moor
searching the innards of a sheep
that died, rather like the people
who kill and violate
their fellow-citizens
in Kosovo and Africa
and round the world.

And part of that world
includes Glasgow and Aberdeen,
England and Ireland,
though we are not locked
to the barbarity of our ancestors
in Glencoe
and London,
and though the Cumberland Butcher
has been for over two hundred years
in the earth.

There are plenty new things in our world
but we should not shut our eyes
to the carrion-crow
that still walks our streets.

CRIOMAGAN

Criomagan beatha ann an clach
a thuit bho Mhàrs bho chionn fhada
a' dùsgadh bheachdan
bho àrsairean is luchd-saidheans,
is criomagan cuimhne
a' dùsgadh ann an seann inntinn:
mòinteach is muir,
cuilean is caileag,
eich is eachdraidh,
ceòl is cailleach,
is mìle cuspair
a' gluasad 's a' fannachadh.
Tha ar beatha cho toinnte
's cho gluasadach
ris an t-saoghal iongantach
a tha fàs 's a' seacadh
gun fhaochadh,
's chan eil air ach feuchainn
ri cumadh
a chur air na criomagan.

EACHDRAIDH IS POILITIGS
Sùil air faire

FRAGMENTS

Fragments of life in a rock
that fell from Mars long ago
stirring up theories
from archaeologists and scientists,
while fragments of memory
waken in an old mind:
moor and sea,
puppy and girl,
horses and history,
music and old women,
with a thousand topics
rising and falling.
Our lives are as intertwined
and as mobile
as the marvelous world
that grows and withers
incessantly,
and we might as well try
to shape
the fragments.

A' CHUIMHNE

A' chuimhne a' tulgadh ann an eathar na cuimhne,
gun chuimhne gu bheil tuill bheaga sna clàir
's am bùrn a' sùghadh a-steach:
uisge saillte nam bliadhnachan fad-às
is sruth-bhàthte nam bliadhnachan ri teachd,
's an dèidh sin, an dèidh sin,
chan eil math dhut
do chùl a chur ris na dh'fhalbh
's do shùil a dhùnadh
ri na tha romhad.

Measgachadh iongantach,
math is dona a' suathadh ri chèile
's a' cur nan car,
bliadhnachan 's linntean
a' cur an dath fhèin air an dealbh,
mòinteach is beanntan
le na cumaidhean fa-leth,
eaglaisean 's ospadail
a' slànachadh 's a' creachadh,
prìosain a' fosgladh 's a' dùnadh,
rìghrean is Hitlerean
uaireannan dhen aon seòrsa
is corra rìgh is ceann-cinnidh
a' tighinn fo bhuaidh na daonnachd
's ag altramas ciùil is bàrdachd.

EACHDRAIDH IS POILITIGS
Sùil air faire

Colum Cille a' tighinn thar Sruth na Maoile
's a' cur a dhreach fhèin air an tìr,
is iomadach Calum bhon uair sin
a' fàgail a lorg fhèin,
Knox a' cur a thulgadh fhèin air an eathar,
is Calum Knox a' stiùireadh bàrdachd
gu cuan mòr an t-saoghail,
Dunbar is Mac Mhaighstir Alasdair,
MacDhiarmaid 's na ceudan eile,
's gun iad uile air an aon ràmh
's carson a bhitheadh?
Hume is Raeburn 'nan linn fhèin,
's luchd-innleachd iongantach
a' cur dreach ùr air an t-saoghal.

A' chuimhne phearsanta ga dùsgadh
gach là is oidhche,
pàrantan, cèile, clann,
càirdean a dh'fhalbh cho beò fhathast,
rudan èibhinn is cràiteach
a' bruthadh a chèile,
ag èirigh às an t-sìdhchrith
's a' sìoladh,
là geal grianach
a' fuadach nan siantan,

is tuiltean Mosambique
a' streap nan craobhan,
Pinochet a' siubhal nan speur
's an Tighearna, ma tha E ann,
a' norradaich.

A' Ghàidhlig a bh' ann
a' fàs tana
is brochan ùr a' dol 'na h-àite.
Chuir ficheadan de linntean
an dreachan fhèin oirre
's chan eil leas a' chàil ann tuilleadh,
agus smaoinich an ùine bheireadh e
an taigh a thughadh!

Tha saoghal ùr againn,
is tìde gu leòr
son brìodal fhear agus mhnathan,
còmhradh ri oghaichean,
òrain a ghabhail,
is sgeulachdan innse
mu sheann chogaidhean,
agus leughadh a' Bhìobaill.

EACHDRAIDH IS POILITIGS
Suil air faire

GÀIDHEIL AM BREATAINN

Mu dhà mhìle bliadhna bho thàinig sinn,
is mìle-bliadhna eile gus tòiseachdainn:
co mheud dath ùr bhios anns a' bhreacan
nuair a thogas iad Dòm ùr air mullach,
is càite 'm bi am mullach?
Caisteal Dhùn Èideann no Sràid Bhochanain,
no eadhon Calanais?
Le na coimpiutairean a' bruidhinn ri chèile
an tèid na sreathan bàrdachd às an rian,
's am bi cànanan Màrs air am measgachadh
le Beurla Steòrnabhaigh is New York,
is na Sìonaich a' gearain
gu bheil luchd-eachdraidh ag ràdh
gun tàinig am breacan à Albainn?
Car-ma-char aig cuibhle an fhortain
's bidh feum againn air facal ùr
is car-a'-mhuiltein air fàs sean-fhasanta.

GAELS IN BRITAIN

Around two thousand years since we arrived,
and another millennium beginning:
how many new colours will tartan have
when they build a new Dome on the mound,
and where will the mound be?
Edinburgh Castle or Buchanan Street,
or even Callanish?
With computers talking to each other
will the lines of verse get disentangled,
and will the language of Mars combine
with Stornoway and New York English,
while the Chinese complain
about historians claiming
that tartan originated in Scotland?
The wheel of fortune keeps turning
and we will need a new word
as the Gaelic for somersault becomes old-fashioned.

TOINNEAMH IS SIUBHAL

Strìochagan Cruithneach air na clachan
tha cur lìomh air ar n-eachdraidh,
uaireannan duilich an leughadh
mar tha an cànan cuideachd,
durrghail leanaibh ann an creathail na h-Alba.

Agus fada romhpasan
na fir a shlaod na Tursachan
gu altair Chalanais
's a thog a' chrois
ro linn na croise,
's na boireannaich
a bha ris a' bhleoghan
ma bha bleoghan ann,
's a' cur faochagan air a' bhòrd
ma bha bòrd an cleachdadh.

Creideamh a' tighinn 's a' falbh
ann an toinneamh nan linn,
cridhe a' Bhrusaich
air a shiubhal fhada,
Knox a' maoidheadh air Màiri
is Màiri air Knox,
's an Eaglais Shaor
a' fàs 's a' crìonadh,

TWISTING AND TRAVELLING

Pictish tracings on the rocks
add grace to our history,
sometimes hard to read
as their language is also,
a child's cooing in Scotland's cradle.

And long before then
the men who hauled the giant stones
to the altar at Callanish
and raised the cross
before the Age of the Cross,
and the women
busy milking
if they were milking then,
and placing shellfish on the table
if they used tables.

Religious belief coming and going
in the intertwining of the generations,
Bruce's heart
on its long journey,
Knox threatening Mary
and Mary Knox,
the Free Church
expanding and contracting

HISTORY AND POLITICS

is na Muslamaich
a' fàs lìonmhor.
Laideann de gach seòrsa
air pàipear 's air sràid,
an cùbainn 's an creathail,
Gàidhlig a' strì ri Cuimris
's an dèidh sin ri Beurla,
is Beurla Ghallta a' fàs
cruaidh is càirdeil,
a' sìoladh 's ag èirigh
ann an guth nam bàrd.

Oisean a' tighinn am bàrr
bho linn gu linn
air a thuras fada
eadar Èire 's Alba,
eadar Alba 's a' Ghearmailt
's gu ruig Ruisia,
is Runciman a' suaineadh
ìomhaighean Mhic a' Phearsain,
is Sandaidh Stoddart
a' dèanamh a thursachan fhèin leo.

Pàrlamaid a' siubhal
eadar Sruighlea 's Dùn Èideann,
is greis an Lunnainn
air allaban,
rìghrean a' call 's a' togail
na Gàidhlig,

and Muslims
multiplying.
All sorts of Latin
on paper and street,
in pulpit and cradle,
Gaelic confronting Welsh
and later English,
and the Scots language
growing hard and friendly,
subsiding and rising
in the voices of poets.

Ossian appearing
generation after generation
on his long journey
between Ireland and Scotland,
between Scotland and Germany,
and on to Russia,
Runciman weaving
Macpherson's images
and Sandy Stoddart
making his own standing stones with them.

Parliament on the move
between Stirling and Edinburgh,
with a spell in exile
in London,
kings losing and regaining
Gaelic,

's am mòr-shluagh
air chall air an aon shlighe.
Feallsanaich is luchd-saidheans
a' toinneamh am beachdan
's a' fosgladh uinneagan
dhan t-saoghal-mhòr;
soithichean Chluaidh a' siubhal nan cuantan,
is taighean-mòra Ghlaschu
gan togail air stèidh tombaca,
is bailtean a' dol 'nan smàl
fo theas dhrogaichean.

Dìomhaireachd an t-saoghail
anns gach toinneamh a th' againn,
ach uair is uair
chì sinn na lùban a' tighinn gu chèile
is crois ùr ga togail
air garbhlach a th' air a dhol 'na rèidhlean.

and the populace
lost on the same road.
Philosophers and scientists
intermingling their views
and opening windows
to the cosmopolitan world,
Clyde-built ships sailing the seas
and Glasgow's mansions
built on foundations of tobacco,
and cities smouldering
in the heat of drugs.

The world's mystery
in all our intertwinings,
but time after time
we see the loops conjoining
and a new cross being raised
on rough ground that becomes a plain.

AIG AN UAMH

1. Ann an doras na h-uamha
   bha na casan mòra creagach
   ag èirigh dhan an iarmailt;
   bha a' ghainmheach mìn, domhainn
   is sìorraidheachd eile fòidhpe;
   bha an là grianach, bha duibhre na h-oidhche romhainn.

   Casan a' tighinn gu bodhaig
   is bodhaig gu ceann,
   smiogaid cruaidh, daingeann
   is bilean teann,
   is sùilean.

   Clann
   a' togail thaighean gainmhich
   aig beul an làin,
   fo na sùilean,
   's an là fada goirid
   a' tighinn gu ceann.

AT THE CAVE

1. At the door of the cave
   the huge legs of rock
   rose towards the sky;
   the sand was smooth and deep,
   covering another eternity;
   the day was sunny, the darkness of the night still to come.

   Legs, the body,
   the head,
   a hard, firm chin
   and set lips,
   and eyes.

   Children
   building sandcastles
   at the edge of the tide,
   under the eyes,
   while the long short day
   comes to a head.

2. Feusag mhòr letheach-liath
a' falach nam preasan,
crotal a' lìonadh nan rocan,
's an t-sùil fhuar
a' toirt meas air a' mhilleadh.

"'S ann às a' mhilleadh a thig na measan."

3. Sìtheanan ann am beàrnan nan creag
far nach robh dùil riutha,
sìth a' tighinn à ùpraid na h-ùrnaigh,
sùilean ciùine a' sileadh tròcair.

4. Cò shaoileadh gum biodh bhidio
ann an uamh dhen t-seòrsa sa:
ach siud Colum Cille
a' sabaid ri Iain Knox
's na pioctairean a' leum
eadar Teamhair is Eilean Idhe,
eadar Dùn Èideann is Sineubha;
is cinnteach nach robh bomaichean
anns an fhasan
ann an aimsir nan naomh?

2. A great greying beard
   hides the wrinkles,
   lichen fills the furrows
   and the cold eye
   assesses the destruction.

   "It is from destruction that the fruits come."

3. Flowers in the gaps in the rocks,
   unexpected,
   peace from the turmoil of prayer,
   gentle eyes shedding mercy.

4. Who would expect to see a video
   in a cave like this:
   but there is St Columba
   battling with John Knox,
   the pictures leaping
   between Tara and Iona,
   between Edinburgh and Geneva;
   surely bombs
   weren't in fashion
   in the age of the saints?

5. "Chan e seo baile mhaireas"
   thuirt fear ann an cùbainn,
   ach thuirt Fear na Creige
   "Tha thu ceàrr,
   mairidh mise
   gus an tig an là."

6. Chaidh sinn a-steach dhan an uamh,
   domhainn dhan an dorchadas,
   's nuair a dh'fhàs sinn cleachdte ris
   chunnaic sinn na cnàmhan,
   claigeann an siud 's an seo,
   cruachan air creig,
   's bha ìomhaighean iongantach air a' bhalla,
   cearcaill Chruithneach ioma-lùbach
   a' dealbh an sìorraidheachd fhèin,
   òrdugh roimh linn nan Òrduighean.

7. Agus air bhidio a-rithist
   siud Arafat is fèileadh air
   a' cogadh ri Iain an Tarbh.
   Thuirt bodach ann an cùlaist
   "Tha 'n t-Sàbaid bheannaichte nise seachad,"
   's thuirt naomh air choreigin eile
   "Tha 'n t-sabaid bheannaichte nise tòiseachadh."
   Gabh do roghainn.

5. "This is not a township that will last,"
   said a man in a pulpit,
   but the Man of the Rock said
   "You're wrong,
   I'll last
   until the day comes."

6. We went into the cave,
   deep into the dark,
   and when we became used to it
   we saw the bones,
   a skull here and there,
   a hip-bone on a rock,
   and there were wonderful images on the walls,
   intertwining Pictish loops
   depicting their own eternity,
   order before the age of Communion seasons.

7. And again, on a video
   there's Arafat in a kilt
   fighting John Bull.
   An old man in the back-room said
   "The blessed Sabbath is over now,"
   and some other saint said
   "The blessed battle is now beginning."
   Take your pick.

8. Lean a' ghaoth iargalt sin trì làithean,
   na tuinn gan càrnadh
   air muin a chèile
   le dranndan 's beucaich
   a dh'fhàg sruth
   de dh'oileagan mìne air an tràigh,
   's thàinig an guth ciùin gun àrdan:
   "Tha a chogadh fhèin aig gach ceàrnaidh."

9. Thàinig fear as a' Cheann-a-Deas
   's chuir e uinneagan bòidheach anns an uamh,
   leòsanan ioma-dhathach, fìnealt,
   le deilbh nan naomh 's nan aingeal
   is corra shagart,
   agus ann an eagan nan creag
   corra iodhal màrmoir,
   is thàinig fàileadh
   cùbhraidh spìosraidh dhan an àile;
   bha ola ann, is cuach,
   is thàinig an sin an t-èifhreann,
   ach chan fhuiricheadh am brèid air aodann na creige.

8. That fierce wind raged for three days,
   waves piled
   on top of each other,
   moaning and roaring,
   leaving a straggle
   of smooth large pebbles on the beach,
   and a gentle, humble voice was heard:
   "Every place has its own conflict."

9. A man came from the South
   and set lovely windows in the cave,
   many-coloured panes, elegant,
   with pictures of saints and angels
   and an occasional priest,
   and in the notches of the rocks
   some marble idols,
   and the fragrant scent
   of spice was in the air;
   there was oil, a cup,
   and then came mass,
   but the frieze would not lie on the face of the rock.

10. Agus siud Sìle nan Gig gu h-àrd air a' chreig.
    Thuirt Fear na Creige
    "Co às a thug thu choiseachd?"
    Is fhreagair ise ann an guth ceòlmhor
    "Thug à Ròghadal,
    is ghabh mi cuairt
    suas Machair Hùisinis
    is ràinig mi Tràigh Mhòr Ùige."

11. An là bha seo sheas am Ministear-maide
    ann an doras na h-uamha
    's e 'g ràdh ris fhèin
    "An dùil a bheil na giomaich
    nas sine na na crùbagan?"
    Sheall e suas ris a' chreig
    ach cha d' fhuair e freagairt.

12. 'S an là seo eile
    thàinig fear à Geilir,
    Paibealach feallsanach,
    's thuirt e ris fhèin
    "'N dùil a bheil uamh shòlamaicht air Màrs?"
    'S an sin thuit creag chun an làir
    is thog e i, an dòchas gu lorgadh e Màrs Bàr.

10. And there was Sheila of the Gigs high on the rock.
    The Man of the Rock said
    "Where did you come from?"
    And she answered in sweet tones
    "From Rodel,
    and I strolled
    up Hushinish Machair
    and reached the Great Strand at Uig."

11. One day the Wooden Minister stood
    at the door of the cave
    saying to himself
    "I wonder if lobsters
    are older than crabs."
    He looked up at the rock
    but got no answer.

12. And another day
    a fellow from Geilir came,
    a philosophical man from Bayble,
    and he said to himself
    "I wonder if there is a consecrated cave on Mars."
    At that point a rock fell to the ground
    and he lifted it, hoping to find a Mars Bar.

13. Ochd uairean feasgar,
    tha cho math bhidio a chur air
    mus fhàs an uamh ro dhorch.
    Feumaidh gun phut sinn am putan ceàrr:
    cò dh'iarradh èisteachd
    ri Iain Paisley
    ann an sàmhchair na h-oidhche?
    'S e 'n Dalai Lama a b' fheàrr.

14. Cha b' ann tric a chur Shoni, Dia na Mara,
    cas air tìr,
    ach an là seo, thuirt e ris fhèin
    "Feumaidh mi sùil a thoirt air a' chèineach sin,"
    agus mar sin
    thug e fhèin is Fear na Creige
    sùil fhada air a chèile.
    Cha b' e gun tug e fada
    oir tha tìde gu leòr anns an t-sìorraidheachd.

15. Là a bh' ann
    bha dùil aig na cinn-cinnidh,
    co-dhiù cuid dhiubh,
    gun robh Fear na Creige
    air falbh às an uamh
    's air taigheadas a ghabhail
    anns a' Chaisteal,
    le bàird 's luchd-lagha
    mu thimcheall
    an àite ainglean.

13. Eight o' clock in the evening,
    we might as well put on the video
    before the cave gets too dark.
    We must have pressed the wrong button:
    who wants to hear the havers
    of Ian Paisley
    in the peace of the evening?
    The Dalai Lama would be better.

14. Shoni, the Sea God, didn't often
    step ashore,
    but this day he said to himself
    "I'd better have a look at that stranger,"
    and so
    he and the Man of the Rock
    had a long look at each other.
    Not that it took long,
    for there's plenty of time in eternity.

15. Once upon a time
    the chiefs, some of them at least,
    thought that the Man of the Rock
    had left the cave
    and taken up residence
    in the Castle,
    surrounded by
    bards and lawmen
    instead of angels.

'S e an Tighearna
an t-ainm a bh' aca air
's cha robh e gann de sgalagan,
is thogadh daoine sgiath is claidheamh
air a sgàth.

'S an ceann ùine
cha robh iad gu feum dha,
bha caoraich is fèidh na b' fheàrr,
is chaidh Fear na Creige
gu ionad eile:
Lunnainn, Dùn Èideann,
bancaichean mòra,
ionadan TV.

Is mu dheireadh thuirt e ris fhèin
"B' fheàrr leam gun robh mi air fuireach
far an robh mi,
a' gleidheil beul na h-uamha
an aghaidh na stoirme."

They called him
the Lord
and he had plenty servants,
and people would lift sword and shield
to protect him.

But after some time
they weren't much use to him,
sheep and deer were better,
and the Man of the Rock
went elsewhere:
to London, Edinburgh,
large banks,
television companies.

Eventually he said to himself
"I wish I had stayed
where I was,
guarding the entrance to the cave
from the storm."

LUCHD-POILITIGS

Luchd-poilitigs air an TV,
Luchd-poilitigs air an spiorad:
tha e nas fhasa a bhith beò le na daoine sin
ann an leabhraichean eachdraidh
far an tèid do bhreith air a' mheidh,
socraichte le gliocas tìm,
às aonais fèin-spèis
is faiteachan faoin
is mire ri camara.
Tha e cho math
nach eil Pitt is Gladstone,
gun luaidh air Caesar
no Jefferson,
againn air bhidio,
is cothrom againn
ar breith a thoirt gu ìre
fo chiùineas fad-seallaidh.

EACHDRAIDH IS POILITIGS

POLITICIANS/WEIGHT OF POLITICS

Politicians on TV,
the weight of politics on the spirit:
it is easier to live with these people
in history books
when one can weigh the judgement,
settled by time's wisdom,
without self-regard
and silly smiles
and playing to the camera.
It's just as well
we don't have Pitt and Gladstone,
not to mention Caesar
or Jefferson,
on video,
and that we can
come to a mature judgement
in the calm of the long view.

CÒMHLAN NAN EUN

Madainn bhrèagh an Dùn Èideann
is Alb-choileach a' gairm;
tha sinn eòlach air an t-seirm
's air a' mhac-talla
a' leum à Creag a' Chaisteil
's a' bualadh lic a' Chalton,
a' fàs fann air a rathad a Lìte
's ga chall ann an Lethe.
Ach dè tha seo:
Alb-fheannag is beannag oirr'
a' cantainn "Mo bheannachd.
Bha sinn a-riamh dhen aon bharail."
Bha hamaidh!
Agus ann an doras a' Bhalmoral
Alb-chuthag le gug-gùg
a' ciallachadh "Siud sibh ach ... ,"
is Alb-churracag a' durrghan,
is Alb-lach ag ràdh
"Seo mo loch."
Sinn a' feitheamh ris an Alb-iolair
a theàrnadh às a' bhinnean
's a ruagadh nan eun tioma.

THE BIRD COMPANY

A lovely morning in Edinburgh
with a Scottish cockerel crowing;
we know the sound well
and the echo
leaping from the Castle Rock
and striking the stones at Calton,
growing faint on its road to Leith
and getting lost in Lethe.
But what's this:
a Scottish crow with a head-shawl
saying "My blessing.
We always thought that."
Who's kidding!
And at the door of the Balmoral
a Scottish cuckoo saying coo-coo,
meaning, "Yes but ... ,"
and a Scottish duck saying
"This is my loch."
We wait for the Scottish eagle
to descend from his peak
and chase away the timid birds.

MEADHAN AN T-SAMHRAIDH

Meadhan an t-samhraidh
'na laighe trom air an spiorad,
am beàrnan-brìghde 's a' chopag
a' tachdadh an fheòir,
na Searbaich a' mùchadh nam Muslamach
's na h-Ioslamaich a' pronnadh nan Nùba.

Ann an Albainn
cha mhòr nach do sguir sinn
a mharbhadh luchd nan creideamh fuadain
ged nach do dh'fhalbh an gamhlas uile;
tha fasanan muirt ùr againn
anns an t-saoghal ùr
is lusan nas daoire na 'chopag
a' faighinn làmh-an-uachdair,
's an t-uachdar a' breothadh
ann am meadhan an t-samhraidh.

Ach tha fàs is searg
mar dhualchas sìorraidh againn
's chan eil air ach feitheamh
ri lus-nan-laogh 's ri liath-lus,
ri abachadh foghair
's ri abachadh gliocais,
ri brùchdadh earraich
a' briseadh tron an driamlaich.

MIDSUMMER

Midsummer
lies heavily on the spirit,
as the dandelion and the docken
choke the grass,
as Serbs smother Muslims
and Islamites crush the Nuba.

In Scotland
we have practically stopped
killing people who have foreign faiths
though the hatred is not quite gone;
we have new fashions in murder
in the new world
and herbs dearer than docken
are taking charge,
and cream putrefies
in midsummer.

Growth and decay
are our eternal legacy,
and we can only wait
for the golden saxifrage and the mugwort,
for autumn's ripening,
and wisdom's ripening,
for spring's burgeoning
breaking through the seaweed.

MÀRS IS MAHLER

Anns an t-saoghal chaochlaideach seo
feumaidh sinn, gu ìre,
seann ìomhaighean a chàradh
air a' charragh-cuimhne
agus ceum a ghabhail
air cabhsair nuadh.
Tha na seann chogaidhean seachad
is ar-a-mach ùr fa ar comhair,
trainnsichean rin cladhach
air sràidean a' bhaile-mhòir,
is bomaichean a' tuiteam
air eaglaisean 's sgoiltean,
lasganaich telebhisein
a' mùchadh gathan na gealaich,
is drogaichean a' dèanamh barrachd millidh
na bha riamh an comas an drama.
Ma tha dreach ùr air an Fhìrinn
feumaidh sinn ionnsachadh
mar a leughas sinn i,
's ma tha uisge air Màrs
is dòcha gu bheil beatha ann.

Ach a-raoir
bha sinn ag èisteachd ri Mahler
a' siubhal slighe a' chràidh
's a' lorg dòchais:

EACHDRAIDH IS POILITIGS
Sùil air faire

MARS AND MAHLER

In this changing world
we must place
some of the old images
on the monument
and step out
on a new pavement.
The old wars are over
and a new rebellion beckons,
with trenches to be dug
on the streets of the cities,
bombs falling
on churches and schools,
flashes of television
blotting out the moon's rays,
and drugs causing more damage
than the dram ever could.
If the Truth has taken a new form
we must learn
how to read it,
and if there is water on Mars
there may be life there also.

But last night
we listened to Mahler
travelling the path of pain
and seeking hope:

tha iomadach dòigh ann
air ruighinn
an àite a bha do-ruighinn.

there are many ways
of reaching
the place that was unreachable.

HISTORY AND POLITICS

PÀRLAMAID AN DÙN ÈIDEANN?

Pàrlamaid an Dùn Èideann?
Ruigidh each mall muileann
is tòisichidh am bleith.
Tha greis mhath bho thòisich
am bùrn a' ruith,
drùdhag an siud 's an seo,
eadar inc bho pheann
an Ridire Bhaltair Scott
is bruthadh thar Sruth na Maoile,
ar-a-mach MhicDhiarmaid
is tuil de bhàrdachd,
de dh'ealain 's de dhràma,
ceòl is òrain
a' toinneamh nan linntean,
's luchd-lagha 's eachdraidh
a' ruathair ar dualchais.
Bidh feum air cùram
mu dheidhinn a' ghràin
is dè nì sinn leis:
aran-coirc is lofaichean
ann am pàipear brèagha,
ach a thuilleadh air sin
lì a' bhùrn-èirigh a' leantainn
a' cur lasair nar n-inntinnean.

A PARLIAMENT IN EDINBURGH?

A Parliament in Edinburgh?
A slow horse reaches the mill
and the grinding begins.
It is quite some time
since the water began to flow,
a trickle here and there
including ink from the pen
of Sir Walter Scott
and nudges across the Irish Sea,
MacDiarmid's rebellion
and a flood of poetry,
of art and drama,
music and song
intertwining generations,
with lawyers and historians
rummaging our heritage.
We must be careful
with the grain
and what we do with it:
oatcakes and loaves
wrapped in attractive paper,
but in addition
the sparkle of spring-water continuing
to give lustre to our minds.